Ulla Schaible

# Mein Glaube soll mitwachsen

*Lebensphasen und Glaubensentwicklung*
*Anregungen und Hilfen für ein Leben mit Perspektive*



BRUNNEN VERLAG GIESSEN/BASEL UND
Buchhandlung und Verlag des ejw GmbH, Stuttgart

ABCteam-Bücher erscheinen in folgenden Verlagen:
Aussaat-Verlag Neukirchen-Vluyn
R. Brockhaus Verlag Wuppertal und Zürich
Brunnen Verlag Gießen und Basel
Christliches Verlagshaus Stuttgart
Oncken Verlag Wuppertal und Kassel

Ulla Schaible, Jahrgang 1943, verheiratet, zwei Kinder.
Sie leitet zusammen mit ihrem Mann den Wörnersberger Anker, ein christliches Lebenszentrum für junge Menschen.
Ihre Aufgabenschwerpunkte sind Seelsorge, Beratung, Tagungs- und Seminararbeit.


Umschlagfoto: Gerhard Fries
Umschlaggestaltung: Friedhelm Grabowski
Satz: DTP Brunnen
Herstellung: St.-Johannis-Druckerei, Lahr
ISBN 3-7655-1096-3 (Brunnen)
ISBN 3-922813-44-5 (ejw)

# Inhalt

# Einleitung

Als vor fünf Jahren in Deutschland die Grenzen fielen und es ohne besondere Formalitäten möglich war, nach Ostdeutschland zu reisen, machte ich zusammen mit meinen beiden Geschwistern eine Reise. Wir fuhren in die Stadt, wo wir geboren waren und die ersten Jahre unseres Lebens verbracht hatten. Knapp vierzig Jahre war es her, seit wir unsere Heimat verlassen hatten, und ich selbst hatte den Ort in den letzten Jahren nicht mehr besucht.

Unser Geburtshaus konnten wir nur von außen besichtigen, aber in „unserer" Straße gab es noch eine Familie, die schon während unserer Kindheit dort wohnte. Mit der Tochter hatten wir oft gespielt. Inzwischen hat sie – wie wir drei auch – eine eigene Familie. Ihre Mutter war gestorben, aber der Vater lebte noch. Dieser Familie statteten wir einen Besuch ab. Der Vater öffnete uns die Tür. Als er mich sah, rief er aus: „Ach, die Kleine!"

„Die Kleine" – mit knapp fünfzig Jahren! „Die Kleine" – dieses Bild von mir war ihm geblieben. Die Jüngste von drei Geschwistern, etwas schwächlich, schüchtern und ängstlich, immer im Schatten der großen Geschwister. Auch unter den Nachbarskindern war ich eine von den jüngsten, von der Mutter etwas verwöhnt und mit viel Fürsorge bedacht.

Ich nahm diesem Mann seinen Ausruf nicht übel. Im Nachdenken über mich selbst war mir schon länger klargeworden, wie dieses „die Kleine sein" mich in meinem Leben begleitet hat. „Die andern sind größer, die andern sind stärker. Ich bin zu schwach, die andern können es besser" – solche und ähnliche Gedanken tauchten und tauchen immer wieder einmal auf. Wenn ich heute für mich die Frage: „Wer bin ich?" beantworten soll, so gehört dieses „die Kleine sein" dazu, auch wenn ich mich natürlich nicht mehr so verhalte wie damals als kleines Kind. Doch es ist etwas, das zu meiner Geschichte, zu meinem Gewordensein, gehört.

Wer sich heute fragt – und wer fragt sich das nicht immer wieder einmal –: „Wer bin ich eigentlich?", kann diese Frage nur beantworten, wenn er die andere Frage dazu stellt: „Wie bin ich geworden? Wie bin ich der Mensch geworden, der ich heute bin? Wie sieht mein bisheriger Lebensweg aus? Welche Stationen, welche Weichenstellungen gab es da?"

Wer seinen Lebensweg rückschauend betrachtet, wird feststellen, daß die verschiedenen Lebensphasen Spuren hinterlassen haben. Jede Lebensphase prägt uns auf ihre Weise, ganz bestimmte Fragen und Aufgaben werden an uns herangetragen, Gleise werden gelegt und Weichen gestellt.

Das vorliegende Buch möchte eine Hilfe sein, die jeweils besonderen Erfahrungen und Aufgaben jeder Lebensphase näher zu beleuchten. Es fragt aber nicht nur nach dem Lebensweg, sondern auch nach dem eigenen Glaubensweg: Wie sah er bisher aus? Gibt es auch im Glauben bestimmte „Lebensalter" und Entwicklungen?

So will dieses Buch mithelfen, die eigene Lebens- und Glaubensgeschichte besser zu verstehen. Es soll befähigen, Schwierigkeiten und Probleme besser anzunehmen, und vielleicht sogar zu entdecken, daß gerade in den schwierigen Situationen entscheidende Impulse für den weiteren Lebensweg lagen und darin rückblickend das Handeln Gottes deutlich wird.

Das Buch möchte jedoch nicht bei der Vergangenheit stehenbleiben, sondern vielmehr Anregungen für das Heute geben. Welches sind die Aufgaben, die mir meine gegenwärtige Lebensphase stellt? Was ist heute für mich „dran"? Es sollen Perspektiven für morgen aufgezeigt werden und daß es noch viel Neues im Leben und im Glauben zu entdecken und zu entfalten gibt.

Dies alles gilt nicht nur in bezug auf das eigene Leben. Das Buch will auch solchen Menschen eine Hilfe sein, die andere Menschen begleiten als Seelsorger, Hauskreisleiter, Mitarbeiter in der Jugendarbeit. Aber auch Eltern, die ja den Lebensweg ihrer Kinder entscheidend mitprägen. Es soll helfen, andere Menschen besser zu verstehen, ihre speziellen Lebenssituationen genauer zu begreifen und die anstehenden Lebensfragen mit ihnen zusammen zu bedenken.

Eines soll allerdings gleich zu Anfang klargestellt werden: Wenn hier von Lebensphasen oder Entwicklungen im Glauben die

Rede ist, so geht es nicht um ein starres Schema oder System. Es sollen lediglich Tendenzen und Schwerpunkte der jeweiligen Phase beschrieben werden. Leben ist einmalig, und jeder Mensch ist ein Original. Je nach Persönlichkeitsstruktur und Temperament eines Menschen wird es da durchaus individuelle Unterschiede geben. Auch sind die Grenzen zwischen den einzelnen Phasen fließend und überlappen sich. Durch bestimmte Ereignisse kann jemand verfrüht in eine bestimmte Lebensphase kommen oder erst viel später. Deswegen wird bewußt auf genaue Altersangaben zu den entsprechenden Phasen verzichtet.

Nur eines ist mit Bestimmtheit zu sagen: Keine Phase im Leben kann übersprungen werden. Reifung unterliegt wie in der Natur bestimmten Gesetzmäßigkeiten. Bestimmte Reifungsschritte können nachgeholt werden – und das ist tröstlich –, aber ausgelassen werden können sie nicht.

Solche Phasen gibt es, wie bereits angedeutet, nicht nur im Blick auf das Wachsen meiner Persönlichkeit, meines Charakters, meiner Beziehungen, sondern auch im Blick auf meinen Glauben. Daß der Kinderglaube irgendwann zerbricht, ist den meisten von uns geläufig. Daß aber auch der Glaube eines Jugendlichen anders aussieht als der eines Erwachsenen und der eines jungen Menschen wiederum anders als der eines Menschen in der Lebensmitte, ist uns weniger bewußt.

„Hauptsache bekehrt" – sagen manche Christen und meinen damit, daß es das Wichtigste sei, irgendwann in seinem Leben eine Entscheidung für Jesus Christus und ein Leben im Glauben zu treffen. Diese Aussage ist grundsätzlich richtig. Ob ein Mensch – nach christlicher Überzeugung – sein Leben verfehlt oder neues Leben in Gott erhält, entscheidet sich an dieser Frage (wobei die Bekehrung nicht unbedingt auf einen bestimmten Tag datiert werden muß). Trotzdem sollten wir bei diesem Schritt nicht stehenbleiben. Wie ein Kind, daß nach der Geburt weiterwächst und noch viele Fähigkeiten erlernen muß, bis es einmal erwachsen ist, so muß auch der Christ nach der „Wiedergeburt" im Glauben weiterwachsen, damit sein Glaube reich und reif wird.

Doch auch hier sei noch einmal vor einem möglichen Irrweg gewarnt: Es geht nicht darum, „besser" oder „schlechter" zu sein.

Das Beste, was wir bekommen können, ist das neue Leben in Jesus Christus – und das gibt es bekanntermaßen geschenkt. Daran läßt sich nichts verbessern.

Mein Wunsch ist vielmehr, daß viele Menschen den Reichtum des Glaubens entdecken, daß sie erkennen, daß dieses Heil sich in ihrem Leben entfalten will und daß ihr Leben dadurch Erfüllung findet. Leider ist es oft so, daß Menschen auf ihrem Glaubensweg irgendwo stehenbleiben und der Glaube dann verarmt und steril wird. Ihr Leben wird dadurch eingeengt, anstatt sich zu entfalten.

Die Bibel zeigt uns, daß es im Glauben einen Wachstumsprozeß gibt. In jeder Lebensphase soll unser Glaube dem Alter entsprechende Ausdrucksmöglichkeiten finden – eben mitwachsen – und „reiche Frucht tragen", um es mit einem biblischen Bild auszudrücken.

Findet jemand erst als Erwachsener den Weg des Glaubens, dann ist er zuerst ein „Kind" im Glauben (1. Johannes 2,14) und soll heranreifen zum „jungen Mann" (bzw. Frau) und zum geistlichen Vater (bzw. Mutter). Somit verlaufen Glaubensphasen und Lebensphasen altersmäßig nicht unbedingt parallel (übrigens auch bei den Menschen nicht, die von Kind an in den Glauben hineingewachsen sind). Deswegen beschäftigen sich die Kapitel 8 bis 10 speziell mit dieser Thematik.

Es geht in diesen Kapiteln darum, was es heißt, ein Kind im Glauben zu sein, oder anders ausgedrückt, was zu den Anfangsschritten des Glaubens gehört. Die Bibel spricht dann weiter davon, daß man irgendwann den Kinderschuhen des Glaubens entwächst und zum Mann bzw. zur Frau wird, sie spricht von „Jünglingen" im Glauben. Die letzte Reifungsstufe wird bezeichnet mit „geistlicher Vater" (oder Mutter) sein – darüber lohnt es sich in unserer heutigen Zeit besonders nachzudenken.

Für mich hat die Beschäftigung mit den Lebens- und Glaubensphasen einen ganz besonderen Reiz, ja sogar eine besondere Hoffnung. Ich erfahre durch sie: Es muß nicht alles so bleiben, wie es ist. Es gibt die Möglichkeit der Veränderung und Entwicklung – in bezug auf meinen Glauben, auf meine Persönlichkeit, auf meine Beziehungen und auf meine Ehe (auch eine Ehe hat bestimmte „Lebensalter").

Allerdings ist meine aktive Mitarbeit gefragt. Körperliches Wachstum geschieht von allein, beim seelischen und geistlichen Wachstum gibt es offenbar eine Doppelstrategie des Lebens: Auf der einen Seite geschieht Veränderung und Wachstum, ohne daß ich mir recht bewußt bin, wie es zugegangen ist. Auf der anderen Seite bin ich aber gefordert, selbst etwas zur Veränderung meines Lebens und Glaubens zu tun, selbst aktiv zu werden. Ich könnte es kurz so ausdrücken: Alt werde ich von allein – reif nicht unbedingt.

## Über den Umgang mit diesem Buch

Zum Schluß des Vorworts ein paar Hinweise zum möglichen Umgang mit diesem Buch:

– Sie können dieses Buch für sich selbst lesen und mitnehmen, was Sie anspricht.

– Sie können mit diesem Buch arbeiten. Deswegen stehen am Ende des Buches Fragen zu jedem Kapitel, die Hilfestellung geben sollen zum persönlichen Weiterdenken.

– Sie können dieses Buch als Grundlage nehmen, um im Hauskreis oder als Gruppe an der Thematik des persönlichen und geistlichen Wachstums zu arbeiten – auch dazu können die Fragen am Ende eine Hilfe sein.

– Das Buch kann darüber hinaus eine Hilfe sein für Menschen, die andere auf einem Stück ihres Lebens- und Glaubensweges begleiten – sei es als Eltern, als geistliche Begleiter oder Seelsorger.

Ein kurzer Hinweis noch: Bei allen Beispielen (außer den eigenen), die im Buch vorkommen, sind die Daten so verändert, daß sie keine Rückschlüsse auf bestimmte Personen zulassen.

Wer sich durch dieses Buch anregen läßt, den Weg des persönlichen und vielleicht auch geistlichen Wachstums zu gehen, wird feststellen, daß dieser Weg nicht immer einfach ist. Er kann streckenweise anstrengend und mühevoll sein. Doch hat der Weg eine große Verheißung, die sich nicht erst am Ziel, sondern schon auf dem Weg erfüllt – nämlich den größeren Reichtum des Lebens und des Glaubens zu entdecken.

# 1. Ein Kind kommt auf die Welt

„Die Hebamme nahm unsere Tochter auf den Arm. Das Kind hielt seinen Kopf ganz aufrecht. Ernst schaute sie uns an – so schien es mir jedenfalls. Zwischen den Augen hatte sich eine senkrechte Falte gebildet, und mir kam es so vor, als wollte sie fragen: ‚Wo bin ich hier gelandet? Was wird mich hier erwarten? Was kommt auf mich zu?‘ Geschrien hat sie nicht, sie war ganz ruhig und hat uns nur mit diesem ernsten fragenden Blick angeschaut.“ So beschrieb uns ein guter Freund seine Eindrücke bei der Geburt seines ersten Kindes.

Nicht viele Eltern werden solche Eindrücke von der Geburt ihres Kindes mitnehmen. Doch mir schien, daß dieser Vater sehr gut erfaßt hat, in welcher Situation ein Kind sich befindet, wenn es geboren wird. Was wird es auf dieser Welt vorfinden? Ist es willkommen? Haben sich Vater und Mutter auf das Kind gefreut, oder wird scin Kommen eher als Störung oder zusätzliche Belastung empfunden? Wie sieht die Familiensituation aus? Herrscht dort eine Atmosphäre von Sicherheit und Geborgenheit oder sind die Lebensumstände eher schwierig? In was für ein gesellschaftliches und politisches Umfeld wird das Kind hineingeboren? Herrscht Krieg? Herrscht Frieden und Wohlstand oder Hunger und Armut? Alle diese Dinge werden das Leben eines Kindes nicht unberührt lassen.

## „Kann ich dieser Welt vertrauen?“

Kann ich dieser Welt vertrauen? Werde ich mich in dieser Welt zu Hause fühlen? Bin ich angenommen und gut aufgehoben? Das sind die unbewußten Fragen, die ein Kind an seine Umgebung stellt. Es wird diese Fragen mit „ja“ beantworten und Vertrauen gewinnen, wenn es erfährt, daß die „Welt“ verläßlich ist. Die Welt – das ist für ein Kind zunächst einmal die nächste Umgebung. Und verläßlich heißt, daß einer da ist, wenn es jemand braucht.

Einer der für es sorgt, wenn es Hunger hat, wenn es frische Windeln braucht, es berührt, zärtlich zu ihm ist und dadurch dem Kind zeigt: Es ist gut, daß es dich gibt. Du kannst dich auf mich verlassen. Ich sorge für dich. Ich mag dich. Du bist gut aufgehoben in dieser Welt.

Macht das Kind sehr oft die Erfahrung, daß es alleingelassen wird, daß eben niemand da ist, wenn es jemand braucht, wird es unbewußt für sich den Schluß ziehen, daß man der Welt nicht ohne weiteres vertrauen, sich auf sie verlassen kann. Das einzig wirklich Verläßliche wird dann die eigene Person. Ein Mensch mit solchen Erfahrungen wird sich auch später schwertun, anderen Menschen zu vertrauen. Er wird als Erwachsener zumeist versuchen, allein zurechtzukommen, denn er hat die Erfahrung gemacht, daß auf die anderen kein Verlaß ist.

Solche Einstellungen zum Leben entstehen allerdings nicht durch eine einmalige Erfahrung des Alleingelassenseins, sonst könnten Eltern an der Aufgabe, Kinder zu erziehen, nicht mehr froh werden. Auch Eltern sind nur Menschen und somit fehlbar. Prägungen fürs Leben entstehen erst durch ständige Wiederholung bestimmter Situationen. Zudem spielt die Grundhaltung, die die Bezugspersonen dem Kind gegenüber einnehmen, eine wichtige Rolle. Fühlt das Kind sich grundsätzlich geliebt und angenommen, wird es auch durch gelegentliche Frustrationserfahrungen nicht gleich aus der Bahn geworfen.

Entscheidend für ein Kind ist, ob es seine Umgebung im großen und ganzen als verläßlich und fürsorglich oder überwiegend als unberechenbar und vernachlässigend erfährt. Dementsprechend wird sich eine Grundbefindlichkeit herausbilden, die eher von Vertrauen oder im negativen Fall eher von Mißtrauen geprägt ist.

Welches Vertrauen ein Kind in die Welt entwickelt, entscheidet sich auch an der Frage, welches Vertrauen die Eltern selbst in das Leben haben. Sind sie selbst sehr ängstlich? Oder leben sie in dem Vertrauen, daß es einen Gott gibt, der die Welt in Händen hält und es letztlich gut mit den Menschen meint? Aus der vorgelebten Haltung der Eltern (nicht aus Worten, die mit dem tatsächlichen Leben nicht übereinstimmen) wird das Kind – wiederum unbewußt – den Schluß ziehen, daß diese Welt vertrauenswürdig ist oder aber, daß es in einer ständig bedrohten Welt, das heißt in einer Atmosphäre von Angst, leben muß.

So kommt hier von Anfang an der Glaube ins Spiel. Erik H. Erikson, der grundlegend über die Frage der Lebensphasen gearbeitet hat, schreibt: „Es ist nicht die Aufgabe des Psychologen, darüber zu befinden, welchen Wert die einzelnen Worte und Riten der Religion besitzen. Für ihn ist entscheidend, ob auf seinem Beobachtungsfeld Religion und Tradition lebendige psychologische Kräfte darstellen und jene Art von Vertrauen und Glauben schaffen, der sich in der Persönlichkeit der Eltern ausdrückt und das Urvertrauen des Kindes in die Verläßlichkeit der Welt stärkt" (Erik H. Erikson, „Identität und Lebenszyklus", Suhrkamp 1966, S. 74).

Mit einfacheren Worten gesagt: Erik H. Erikson maßt sich nicht an zu beurteilen, welche Religion, welcher Glaube der richtige ist. Für ihn ist wichtig: Ist der Glaube der Eltern nur eine leblose Lehre oder ist er eine lebendige Kraft, die das Vertrauen des Kindes in die Verläßlichkeit und Glaubwürdigkeit dieser Welt stärkt?

Nun könnte jemand den vorschnellen Schluß ziehen: „Ich habe es ja schon immer gewußt. Meine Eltern haben mir Vertrauen und Glauben nicht in die Wiege gelegt, deshalb kann ich auch heute nicht glauben." Und so würden sich Unglauben und Mißtrauen von Generation zu Generation fortsetzen.

Als erwachsener Mensch bin ich jedoch in der Lage, meine Einstellung zur Welt zu verändern. Vielleicht entdeckt jemand, daß er mit seiner negativen Einstellung zur Welt sein Leben eher zerstört als entfaltet. Vielleicht lernt er andere Menschen kennen, die vertrauensvoll leben und hat den Wunsch, genauso leben zu können. Vielleicht greift Gott durch bestimmte Umstände so in das Leben eines Menschen ein, daß ihm auf einmal klar wird: Da ist ein Gott, dem ich nicht gleichgültig bin, der nach mir fragt, der sich um mich sorgt. So – oder auf noch ganz andere Art und Weise – kann auch ein Erwachsener dazu kommen, Schritte des Vertrauens und Glaubens zu wagen.

Mein Erfahrungshorizont als Erwachsener ist nicht mehr beschränkt auf die Welt meiner Eltern. Er ist wesentlich größer und weiter, und von dieser Voraussetzung her, kann ich meine eigenen Schlüsse ziehen. Andere Menschen können mir helfen, Vertrauen in die Welt – und das heißt eigentlich zuallererst Vertrauen in Gott – zu gewinnen. Ein Seelsorger, ein guter Freund, ein Therapeut kann mich ein Stück meines Weges begleiten und durch seine Person, durch Gespräche, durch Ermutigung mein Vertrauen in Gott, in die Welt und in andere Menschen und nicht zuletzt das Vertrauen zu mir selbst stärken.

## Gesehen werden – Wie Lebensmuster entstehen

Ein Kind ist nach seiner Geburt ohne eine erwachsene Bezugsperson nicht lebensfähig. Nicht nur, daß es sich nicht allein ernähren kann, es kann auch ohne emotionale Zuwendung nicht überleben, wie man durch – sehr fragwürdige – Experimente herausgefunden hat.

Das heißt aber: Alle Bestrebungen des Kindes sind (unbewußt) darauf gerichtet, die Zuwendung und Aufmerksamkeit der Eltern oder anderer Bezugspersonen zu erlangen. Es ist erstaunlich, welch hohes Maß an Intuition Kinder besitzen, um instinktiv zu spüren, welches Verhalten mit Zuwendung belohnt wird und welches auf Ablehnung stößt. Spürt ein Kind, daß es durch positives Verhalten die Aufmerksamkeit der Eltern nicht gewinnen kann, wird es unter Umständen versuchen, durch negatives Verhalten aufzufallen. Es wird dann zwar geschimpft oder bestraft, aber es erlangt auf diese Weise die Aufmerksamkeit der Erwachsenen. Das schlimmste für das Kind ist, übersehen zu werden, denn übersehen werden heißt: Niemand nimmt mich wahr, niemand sorgt für mich – mein Leben ist in Gefahr. Ich kann allein nicht überleben!

Aus diesen Grunderfahrungen heraus bilden sich dann ganz bestimmte „Lebensmuster“, die sich ein Leben lang erhalten, wenn sie nicht bewußt erkannt und durch Arbeit an sich selbst verändert werden. Doch nicht jedes Kind reagiert in gleicher Weise auf gleiche Situationen. Je nach Veranlagung werden Kinder auf gleiche Situationen recht unterschiedlich reagieren.

Das ist an dem oben beschriebenen Beispiel, daß ein Kind versucht, mit negativem Verhalten Zuwendung zu bekommen, sicher schon deutlich geworden. In den vergangenen Jahren ist stark betont worden, daß ein Kind vor allem durch das Umfeld, in dem es aufwächst, geprägt wird. Heute kommt wieder mehr in den Blick, daß jedes Kind schon eine bestimmte Veranlagung mitbringt. In einem Punkt ist man sich trotzdem einig: Die ersten sechs Lebensjahre sind für das Leben des Kindes die prägendsten Jahre.

Einige Beispiele sollen diese These von der Herausbildung eines bestimmten Lebensmusters in den ersten Lebensjahren veranschaulichen:

Eine junge Frau ist immer und überall zur Stelle, wo freiwillige Mitarbeit gefordert wird. Auch an ihrer Arbeitsstelle arbeitet sie oft länger. Ausruhen ist ein Fremdwort für sie. Als sie mir in einem Gespräch ein bißchen von ihrem Zuhause erzählt, fällt mehrmals der Satz: „Wenn alle zusammen helfen, haben es alle leichter."

Aufgewachsen ist sie als jüngstes von sechs Kindern auf einem Bauernhof. An Arbeit fehlte es dort nie. Es gab immer viel zu tun. Die Mutter war völlig überfordert. Nur durch ihre tatkräftige Hilfe (die ihre älteren Geschwister oft verweigert haben) konnte sie es ihrer Mutter leichter machen. Nur durch ihre Mithilfe erreichte sie, daß man froh war über ihr Dasein. Ohne mitzuhelfen wäre sie nur eine zusätzliche Last gewesen, hätte unter Umständen zu spüren bekommen, daß sie eigentlich zu viel sei und man eher froh wäre, es gäbe sie nicht.

Wenn man ihren Satz, „wenn alle zusammen helfen, haben es alle leichter", der ihr Lebensmuster beschreibt, umdreht, heißt er ja: „Wenn ich nicht helfe, mache ich anderen das Leben schwerer." Und wer anderen das Leben schwer macht, ist in der Regel nicht sehr willkommen. Um das zu vermeiden, *muß* sie helfen. Es ist wie ein innerer Steuerungsmechanismus, der sie auch als erwachsene Person nicht zur Ruhe kommen läßt. An sich ist die Aussage, daß es leichter geht, wenn alle zusammen helfen, nicht falsch. Das Schwierige daran ist nur dieses „muß". Die junge Frau ist nicht frei, in der jeweiligen Situation zu entscheiden, ob sie helfen will oder nicht. Ihr inneres Programm sagt: Du *mußt* helfen – sonst machst du anderen das Leben schwer, dann wirst du schuldig, dann lehnen dich die anderen ab.

Weitere Lebensmuster könnnten z.B. sein:
- wenn ich alle Erwartungen erfülle, die andere an mich haben, dann ...
- wenn ich wenig Mühe mache
- wenn ich gute Leistungen bringe
- wenn ich etwas „Besonderes“ bin.

Dieses Lebensmuster bildet sich oft heraus, wenn Eltern sehr hohe Erwartungen in ihr Kind legen. „Sehen Sie mal, meine Tochter, ist sie nicht bildhübsch? Aus ihr wird bestimmt einmal etwas Besonderes!“

Oder mit welchem Stolz habe ich schon Mütter sagen hören: „Mein Sohn ist Arzt.“ Worin zum Ausdruck kommt, daß der Sohn der Mutter keinen größeren Wunsch erfüllen konnte, als Arzt zu werden.

Ein weiteres Lebensmuster kann aber auch sein: „Wenn ich Ärger mache, werde ich wenigstens beachtet.“ Ohne Ärger zu machen, würden die anderen mich gar nicht wahrnehmen, würde ich übersehen.

Lebensmuster können sich auch in ganz bestimmten Sätzen ausdrücken, wie sie oft gesagt werden, z.B. „Du hast zwei linke Hände“ oder „Das ist unser Dummerle“ oder „Das ist unser Großer“, was natürlich verpflichtet, immer groß und vernünftig zu sein.

Es ist interessant, einmal seinem eigenen Lebensmuster nachzuforschen. Es ist gar nicht so schwer, es herauszufinden. Helfen können dabei Fragen wie: Durch welches Verhalten habe ich Zuwendung bekommen? Welches Verhalten wurde mit Ablehnung bestraft – bei mir selbst oder bei meinen Geschwistern? Was wurde von mir erwartet? Welche Sätze wurden oft gesagt? Vielleicht kann auch eine Gruppe, in der Vertrauen herrscht, bei der Suche helfen oder ein seelsorgerlicher Gesprächspartner.

Wer über sein Lebensmuster nachdenkt, wird entdecken, daß dahinter oft bestimmte Ängste stecken. Diese Ängste bestimmen unser Leben und schränken es ein, ohne daß wir es bewußt wahrnehmen. Hat jemand zum Beispiel das Lebensmuster: „Wenn ich alle Erwartungen erfülle, bekomme ich Zuwendung", so steckt dahinter die Angst: „Erfülle ich die Erwartungen nicht, werde ich abgelehnt." Ablehnung kann niemand gut ertragen. Die Angst treibt diesen Menschen dann dazu, immer „ja" zu sagen und alle Erwartungen anderer zu erfüllen. Er gerät unter einen enormen Druck, der verhindert, daß er das tut, was er eigentlich selbst gern möchte. Vielleicht hat er sogar schon verlernt, seine eigenen Wünsche zu formulieren und zu erkennen, was er eigentlich selbst möchte. Er spürt nur eine dumpfe Unzufriedenheit. Sein Leben kann er so nicht entfalten, sondern es ist eingeengt und mehr fremd- als eigenbestimmt.

Seine Lebensmöglichkeiten erweitern oder – kürzer gesagt – freier und bewußter leben, würde dann heißen, sich an die Arbeit am eigenen Lebensmuster zu machen. Der erste Schritt dazu ist, sich das eigene Lebensmuster bewußt zu machen. Zuerst muß ich einmal entdecken, was mich da eigentlich innerlich steuert – welche Vorstellungen und Ängste. Wenn ich meinem Lebensmuster auf die Spur gekommen bin, dann kann ich beurteilen, ob dieses Lebensmuster mir hilft und mich weiterbringt, oder ob es mich eher hindert und einengt. In welchen Situationen ist es mir eine Hilfe und in welchen nicht?

So ist zum Beispiel der Satz: „Ich hab zwei linke Hände", mit Sicherheit nicht förderlich im Leben. Zu unserer Gemeinschaft gehörte eine Zeitlang eine junge Frau, die mit diesem Satz lebte. Arbeitete sie in der Küche, ging mit Sicherheit etwas schief. Sie war darauf programmiert, ungeschickt zu sein und war es dann auch. Erst nach und nach konnten wir ihr klarmachen, daß dieser Satz falsch ist, und sie – wie andere Menschen auch – eine linke und eine rechte Hand hat.

Lebt dagegen jemand mit dem Satz: „Ich bin groß – ich komme allein zurecht", so hat diese Einstellung ja durchaus ihre positiven Seiten. So ein Mensch wird im Leben ohne zu zögern Dinge anpacken, unter Umständen Führungsaufgaben übernehmen. Er wird von sich aus Aufgaben in Angriff nehmen und nicht warten, bis andere es tun. Das ist die positive Seite. Führt diese Lebenseinstellung aber dazu, daß sich jemand unter keinen Umständen helfen lassen will, weil er auf jeden Fall allein zurechtkommen *muß*, dann wird so ein Satz zum negativen Hindernis. Er kann dann dazu führen, daß sich dieser Mensch überfordert und von anderen Menschen isoliert.

Wenn ich mein Lebensmuster verändern will, kann es eine Hilfe sein, mir klarzumachen, daß die Situation, in der ich jetzt lebe, völlig anders ist als damals. Ich bin nicht mehr das Kind von damals, sondern ein erwachsener Mensch. Ich bin nicht mehr so unabdingbar auf Zuwendung angewiesen, wie ein kleines Kind. Ich kann heute Ablehnung eher ertragen. Es tut zwar weh, wenn ich Ablehnung erfahre, aber als erwachsener Mensch sollte ich fähig sein, das auszuhalten.

Außerdem sind die Menschen, die um mich herum sind, nicht meine Eltern, Großeltern oder Geschwister. Sie haben nicht die gleichen Erwartungen und Ansprüche an mich. Vielleicht haben sie sogar völlig gegensätzliche Erwartungen und ich erleide deswegen mit meinem alten Muster immer wieder Schiffbruch. Die anderen wollen vielleicht gar nicht, daß ich immer ihre Erwartungen erfülle, vielleicht erwarten sie, daß ich einmal meine eigenen Wünsche und Vorstellungen formuliere, die Initiative ergreife und etwas von mir aus in die Hand nehme.

Es geht hier nicht darum, Lebensmuster zu verurteilen. In aller Regel waren sie für das Kind in seiner speziellen Situation angebracht. Sie halfen damals dem Kind, das Leben zu bewältigen. Sie waren sinnvoll und notwendig. Die Frage ist, ob sie es heute noch sind oder ob sie verändert werden müssen. Das Gegensteuern ist allerdings nicht einfach und ein langwieriger Weg. Denn diese Veränderung bedeutet: Ich muß lernen, gegen mein inneres Programm zu leben, auch gegen meine inneren Gefühle. Immer wieder neu muß ich über die Hürde meiner inneren Angst (z.B. vor Ablehnung) springen. Es geht wie bei einem kleinen Kind, das laufen lernt: fallen – aufstehen – fallen – aufstehen ... Doch nur so lernt man laufen.

## Lebensmuster und Gottesbeziehung

Diese Lebensmuster prägen in aller Regel nicht nur meine Beziehungen zu anderen Menschen, sondern auch zu Gott. Wenn ich zum Beispiel früher die Erfahrung gemacht habe, daß ich akzeptiert werde, wenn ich gute Leistungen bringe, dann werde ich unter Umständen ebenso glauben, daß Gott mich akzeptiert, wenn ich die „Glaubensleistungen" erbringe, die er meiner Meinung nach von mir erwartet. Oder wenn ich die Erfahrung gemacht habe, daß Vergehen hart bestraft wurden, werde ich möglicherweise das gleiche von Gott erwarten (weil ich heute keine „Stille Zeit" gemacht habe, geht der ganze Tag schief. Das ist dann die Strafe Gottes).

Da viele von uns eine Erziehung genossen haben, in der Liebe und Zuwendung an Bedingungen geknüpft waren (wenn du ein braves Kind bist, habe ich dich lieb), fällt es uns sehr schwer zu glauben, daß Gott uns bedingungslos liebt.

Dabei ist diese bedingungslose Liebe Gottes das Kernstück des Evangeliums – die wirklich frohmachende Botschaft: Wir sind geliebt und angenommen vor aller Leistung, vor allem Gutsein. „Gott aber erweist seine Liebe zu uns darin, daß Christus für uns gestorben ist, als wir noch Sünder waren" (Römer 5,8). Ehe wir überhaupt etwas getan haben, um uns diese Liebe zu „verdienen", spricht Gott uns seine Liebe zu, versichert er uns, daß er uns liebt. Wie Kinder müssen wir als Erwachsene diese Wahrheit des Evangeliums, diese „frohe Botschaft", neu lernen – und tun uns in der Regel sehr schwer damit.

## „Wer ist dieser Gott?"

„Geht der Gott auch barfuß?" fragte unser Sohn einmal, als er vier oder fünf Jahre alt war.

Ich habe oben beschrieben, wie Vorstellungen von Gott geprägt werden durch das, was wir als Kinder vorfinden, wie Vater und Mutter mit uns umgehen und welchen Glauben sie haben. Wächst ein Kind in einer Umgebung auf, wo Gott vorkommt, wird es mit drei oder vier Jahren anfangen, sich über diesen Gott Gedanken zu machen. Dann ist es auch möglich, dem Kind von Gott zu erzählen, ihm eine Vorstellung von Gott zu vermitteln. Hinter der Frage unseres Sohnes, ob Gott barfuß geht, steckte ja der Wunsch: Ich möchte wissen, wie dieser Gott ist. Deswegen ist die Frage keineswegs lächerlich, auch wenn wir Erwachsenen sie lustig finden.

Wenn wir als Erwachsene unseren Kindern Gott nahe bringen wollen, so können wir nichts Besseres tun, als solche Fragen ernst zu nehmen, sie nach bestem Wissen und Gewissen zu beantworten. Manchmal wird die Antwort vielleicht lauten, daß wir das selbst nicht so genau wissen. Jedes Kind ist zunächst einmal bereit, an Gott zu glauben, aber keines findet den Gott der Bibel aus sich selbst heraus. Erwachsene müssen ihm helfen, diesen Gott kennenzulernen.

Kinder denken nicht abstrakt wie Erwachsene. Sie denken in Bildern, Personen und Geschichten. So kann ihre Angst die Gestalt von Phantasiefiguren annehmen, sie ist dann wie ein Drache, der unter dem Bett liegt. Oder ein Gefühl der Geborgenheit nimmt die Gestalt eines Engels an, der neben ihrem Bett steht. Von daher können wir ihnen Gott am besten nahebringen, indem wir ihnen Geschichten von Gott erzählen. Geschichten, die in der Bibel stehen und die sie schon verstehen können, von Adam und Eva, von Noah, von David und von Jesus. In den Geschichten erleben und erfahren sie, wer Gott ist und wie er handelt.

Auch sind Wundergeschichten für Kinder überhaupt kein Problem. So wie sie bis zu einem gewissen Alter glauben, daß ihre Eltern alles können, glauben sie das von Gott natürlich erst recht. Übernatürliche Dinge gehören in ihre Vorstellungswelt hinein und werden von ihnen nicht in Zweifel gezogen.

## Und Gott schuf sie als Mann und als Frau

So etwa mit vier oder fünf Jahren entdecken Kinder das eigene Geschlecht. Sie entdecken den Unterschied.

Das Mädchen spielt jetzt seine Weiblichkeit aus und möchte von *dem* Mann bewundert werden – nämlich dem Vater. Wenn er darauf eingeht, das kleine Mädchen beachtet, akzeptiert und „bewundert“, wird es sich später selbst als Frau besser annehmen und akzeptieren können.

Doch kommt es nicht allein auf den Vater an. Das Mädchen beobachtet bei der eigenen Mutter, ob die Rolle als Frau überhaupt attraktiv ist, ob es so werden möchte wie die Mutter. Es will zwar vom Vater bewundert werden, identifiziert sich aber mit der Mutter. Ist es gut, Frau zu sein? Wie sind Frauen? Welches Los haben Frauen? Diese Fragen werden durch das Verhalten der Mutter beantwortet, aber auch dadurch, wie der Vater mit der Mutter umgeht. Begegnet er ihr mit Achtung, mit Liebe, mit Verständnis? Wie spricht er über sie? Aus alldem wird das Mädchen seine (unbewußten) Schlüsse ziehen, wie ein Leben als Frau aussieht.

Der Junge macht in diesem Alter erste Versuche, sich aus der Welt des Weiblichen, die ihn bisher umsorgt und umfangen hat, zu befreien. Er stellt fest: Ich bin nicht wie die Mutter, ich bin vom anderen Geschlecht. Der Vater ist von Anfang an wichtig, aber ganz besonders in diesem Alter. Mit ihm will der Junge sich identifizieren, mit ihm will er sich messen, von ihm will er als „Mann“ anerkannt werden.

Hier stellt sich genauso die Frage: Wie attraktiv ist die Rolle des Vaters als Mann für den Jungen? Ist er überhaupt anwesend? Gibt er sich mit dem Jungen ab? Spricht er mit ihm? Interessiert er sich für das, was den Jungen beschäftigt? Erzählt er dem Jungen aus seiner eigenen Lebenswelt, damit der Junge sich ein Bild machen kann, was der Vater eigentlich tut? Oder erscheint der Vater nur als Geldverdiener in der Familie und ab und zu als „Spielvater“, aber nicht als einer, der miterzieht? Falls es keinen Vater in der Familie gibt, kann auch eine andere männliche Person in der Umgebung der Familie zur Identifikationsfigur werden. Wichtig für den Jungen ist, daß er anfängt, sich aus der „Welt des Weiblichen“ zu entfernen und sich in die Welt des „Männlichen“ zu begeben.

Auch hier stellt sich die Frage, welche Rolle die Mutter spielt. Läßt sie den Sohn ein Stück los? Oder muß er ihr als „Ersatzpartner“ dienen? Wie denkt sie über den Vater? Wie spricht sie vor den Kindern über ihn? Durch ihr Verhalten kann die Mutter dem Jungen helfen, in seine Rolle als Mann hineinzuwachsen.

Die Rolle als Mann – die Rolle als Frau – sie werden ausprobiert durch Rollenspiele. Die Kinder spielen „Vater – Mutter – Kind“. Sie spielen Hochzeit und Beerdigung, sie spielen Schule und Opas achtzigsten Geburtstag – alles, was im Leben vorkommt. Auch Gott kommt in ihren Rollenspielen vor. Die Kinder bereiten sich durch diese Spiele nicht nur auf ihre zukünftigen Rollen vor, sie bewältigen damit auch Erfahrungen aus der Gegenwart, so manches wird einfach „abgespielt“. Für die Entwicklung der Kinder ist es ganz wichtig, daß sie den Freiraum und die Möglichkeiten für diese „Rollenspiele“ haben.

# 2. Die Welt wird erobert

In den ersten zwei bis drei Lebensjahren lernt ein Kind zunächst einmal Dinge, die hauptsächlich mit dem eigenen Körper zu tun haben. Es lernt sitzen, krabbeln, aufstehen, gehen, sprechen, selbst zu essen, Körperfunktionen zu beherrschen und vieles mehr. Nach und nach möchte es verstärkt „unpersönliche" Dinge lernen. Selber Dinge zusammenzubauen, sich allein anzuziehen, die Knöpfe auf und zu zumachen. Das Kind baut Sandburgen, schaut Bilderbücher an, und irgendwann einmal möchte es auch lesen, schreiben und rechnen lernen. Es will mehr und mehr an der Welt der „Großen" Anteil haben.

## Der Lebensraum erweitert sich

Im Alter von drei bis vier Jahren kommt ein Kind in der Regel in den Kindergarten. Seine Welt erhält eine neue, größere Dimension. Die Grenzen der vertrauten Umgebung – die Wohnung, das Haus, der eigene Garten, die vertrauten Menschen, die zum alltäglichen Umfeld gehören – werden überschritten. Das geht nicht ohne Ängste ab. Das Kind hat Angst vor dem Neuen, vor dem Unbekannten, den fremden Kindern und Erwachsenen. Es muß die Sicherheit, die es bei der Mutter gab, verlassen und muß aushalten lernen, daß die Mutter für einige Stunden nicht erreichbar ist. Das ist die eine Seite. Die andere Seite ist die Neugierde des Kindes auf die neue größere Welt. Es möchte Neues entdecken, seinen Lebensraum erweitern und erste Ablösungsschritte aus der engen Mutterbeziehung tun.

Das Kind erlebt einen Zwiespalt, der sich im Laufe des Lebens noch oft wiederholen wird – gewissermaßen als Grundmuster einer Spannung, die zum Leben gehört und hier zum ersten Mal auftritt. Auf der einen Seite die Faszination des Neuen, die Entdeckerfreude – heraustreten aus der Routine des allzu Bekannten, neue interessante Dinge im Leben entdecken wollen.

Und auf der anderen Seite die Angst, bekannte Sicherheiten aufzugeben, sich auf Unbekanntes, Fremdes einzulassen, von dem man noch nicht weiß, wie man es bewältigen wird. Wird man gute Erfahrungen machen oder schlechte? Wird man gewinnen oder versagen?

An dieser Stelle wird wieder zum Tragen kommen, ob ein Kind genug Vertrauen in das Leben erwerben konnte oder nicht. Ein Mensch, der bisher die Erfahrung gemacht hat, daß man dieser Welt vertrauen kann und Gott es gut mit einem meint, bei dem wird eher die Entdeckerfreude überwiegen, auch wenn er nicht frei von Angst ist. Bei wem die Erfahrung überwiegt, daß man der Welt und den Menschen wenig trauen kann, dem wird es schwerer fallen, sich auf Neues einzulassen.

## Seinen Platz finden im neuen Lebensraum

Im Kindergarten und in der Schule trifft ein Kind auf neue Autoritätspersonen. Sie sind unter Umständen ganz anders als die Eltern. Vielleicht haben die Eltern zu Hause sehr auf die Bedürfnisse des Kindes geachtet, haben versucht, seine Wünsche und Bedürfnisse so weit wie möglich zu erfüllen. Auf einmal muß das Kind lernen, daß es nicht mehr so sehr im Mittelpunkt steht, daß nicht mehr so viel nach ihm gefragt wird. Unter Umständen wird es darauf mit Aggressivität reagieren. Vielleicht kommen auch bestimmte Verhaltensweisen, die bei den Eltern auf Beifall stießen, bei Erzieherinnen und Lehrern gar nicht gut an. Das Kind muß mit Frustration und Enttäuschung fertig werden.

Zudem gilt es, ganz neu seinen Platz im sozialen Gefüge zu finden. Zu Hause waren Vater und Mutter und unter Umständen Geschwister, mit denen man um seinen Platz kämpfen mußte. Jetzt ist die Konkurrenz riesengroß. Schon im Kindergarten – vor allem aber in der Schule – verbringt ein Kind einen großen Teil seiner Zeit in Gruppen von Gleichaltrigen. „Wer bin ich in meiner Gruppe von Gleichaltrigen? Bin ich jemand, den die anderen mögen? Bin ich jemand, den die andern zum Freund oder zur Freundin haben wollen? Werden die anderen mich in ihre Clique aufnehmen? Kann ich mithalten beim Sport, beim Spielen? Habe ich genug Talente, so daß ich für andere attraktiv bin?" Solche und ähnliche Fragen werden durch die neue Situation gestellt. Sehr schnell wird deutlich, welche Stellung jemand unter den Gleichaltrigen hat; es bildet sich eine soziale Identität heraus.

Es scheint so etwas wie ein „Naturgesetz" zu sein, daß da, wo „Gleiche" zusammen sind, ein Prozeß beginnt, in dem sich über kurz oder lang eine gewisse Hierarchie herausbildet. Das ist schon bei Kindern so und gehört mit zur sozialen Identitätsfindung. Über kurz oder lang stellt sich heraus, wer in einer Klasse, Gruppe oder Clique die Führer sind, denen sich die anderen unterzuordnen haben. Oder wer die sind, die sich lieber führen lassen, sich unterordnen und anpassen. Natürlich gibt es die Rollen von Führern und Geführten in vielen Varianten, manchmal treten sie deutlicher hervor, manchmal weniger. Dann gibt es noch die Rolle der „Individualisten". Kinder, die weder Führer sind, noch sich unterordnen, die zu keiner Clique gehören. Sie sind viel für sich allein und haben eher Freundschaften zu Einzelnen.

Über Führersein entscheidet in diesem Alter in der Regel nicht die Intelligenz, eher Körperkraft, Draufgängertum und Durchsetzungsvermögen. Erst in späteren Jahren, wenn Intelligenz mehr gefragt ist, spielen auch Kinder mit guten Noten eine größere Rolle. Die Rolle, die sich in Kindergarten oder Schule eingespielt hat, setzt sich oft im Erwachsenenalter fort. „Führer" übernehmen dann Leitungsaufgaben, „Mitmacher" fühlen sich wohler im zweiten Glied – es sei denn, eine Veränderung geschieht, weil ein Mensch an sich gearbeitet hat. Manchmal kommen Leute, die sich eigentlich im zweiten Glied wohler fühlen, durch bestimmte Umstände in Führungspositionen. Hier wird es darauf ankommen, ob sie ihre Position innerlich annehmen, bejahen und ihren eigenen Führungsstil finden – oder ob sie ständig gegen ihre Bestimmung ankämpfen und nicht froh werden.

## „Ich kann etwas!“

Neben dem sozialen Lernfeld spielt ab dem Kindergartenalter die Leistung mehr und mehr eine Rolle. Auch wenn ein Kind noch klein ist, so möchte es sich doch nützlich machen. Es ahmt nach, was die Mutter oder der Vater macht, „hilft“ beim Kochen und Putzen. Nützlich zu sein, gebraucht zu werden, etwas Sinnvolles in dieser Welt tun zu können, gehört offenbar zu den Urbestrebungen des Menschen. Wer als Erwachsener kurz nachdenkt, wird feststellen, daß er aus diesen „Urbestrebungen“ einen Großteil seines Lebenssinns bezieht.

War es für ein Kind am Anfang wichtig zu erfahren, um seiner selbst willen geliebt und angenommen zu sein – also bedingungslos geliebt zu werden–, so kommt ein anderes Standbein des Selbstbewußtseins hinzu, sobald ein Kind etwas „kann“: Anerkannt und akzeptiert sein, weil man etwas gut macht, gute Leistung bringt, weil man nützlich ist, weil man – um es mit großen Worten zu sagen – seinen Beitrag zum Erhalt und zur Verbesserung der Welt leisten kann.

Ein gesundes Selbstbewußtsein hat meines Erachtens zwei Standbeine:

– Ich bin geliebt, einfach weil ich da bin. Ich habe ein Grundlebensgefühl mitbekommen, das heißt: „Es ist gut, daß es mich gibt.“

– Ich bin geliebt, werde akzeptiert, weil ich etwas leiste. Ich bekomme Anerkennung, weil ich meine Arbeit gut gemacht habe, für andere eine Hilfe sein konnte usw. Ich werde auf dieser Welt gebraucht.

Optimal wäre es, wenn beide Standbeine gleich stark wären als gute Basis für ein gesundes ausgeglichenes Selbstbewußtsein. Meistens wird aber bei uns Erwachsenen das Standbein der Leistung überbetont und das des bedingungslosen Angenommenseins ist unterentwickelt. Aussagen wie „Ich mag dich, wenn ...“ oder „Du bist ein braves Kind, wenn ...“, die deutlich machen, daß die Zuwendung von einer erbrachten Leistung abhängt, haben wohl bei den meisten Menschen die Kindheit begleitet.

Doch gibt es heute auch zunehmend das andere Extrem: Eltern muten ihren Kindern nichts mehr zu, sie übertragen ihnen in der Familie keine Aufgaben mehr, es wird nichts von ihnen verlangt. Auch da leiden Kinder Mangel. Sie erleben nicht, daß sie nützlich sind und gebraucht werden. Sie kommen sich dann schnell überflüssig vor und werden oft anspruchsvoll oder sogar aggressiv. Sie werden nicht angeleitet, ihren Tatendrang konstruktiv umzusetzen und leben ihn dann im Destruktiven aus.

In der Schule erlebt ein Kind, daß Leistung bewertet wird. Es merkt, ich kann bestimmte Dinge gut und andere nicht. Erfolg und Mißerfolg werden erfahren. Das Kind erlebt, daß manche Kinder bessere Leistungen bringen und andere schlechtere. Es stuft sich selbst ein. In dieser Phase hängt viel davon ab, daß ein Kind nicht entmutigt wird. Ein guter Lehrer (oder Lehrerin) wird erkennen, was ein Kind gut kann und was nicht und es entsprechend ermutigen. Ein guter Lehrer wird es vielleicht sogar verstehen, besondere Talente zu erkennen und zu fördern.

Auch Eltern können hier natürlich ein Kind entmutigen oder ermutigen. Kürzlich erzählte ein etwa fünfzigjähriger Mann in einer Gruppe, daß er in der Schule recht schlecht in Mathmatik gewesen sei. Meistens schrieb er in den Arbeiten schlechte Noten – Vier oder Fünf. Eines Tages bekam er eine Arbeit mit einer Zwei zurück. Freudestrahlend kam er nach Hause und zeigte die Arbeit seiner Mutter. Sie schaute sich die Arbeit eine Weile an und sagte dann: „Wenn du noch diesen und jenen Fehler vermieden hättest, wäre es eine Eins geworden." Die Enttäuschung des Jungen kann man sich vorstellen. Er zog daraus den Schluß, „meiner Mutter kann ich es nie recht machen" – die Folge: Entmutigung!

Ermutigung hieße, das Kind in seiner Originalität, in der es von Gott geschaffen wurde, anzuerkennen; es zu beobachten, herauszufinden, was in ihm steckt, seine besonderen Fähigkeiten, aber auch seine Begrenzungen zu entdecken. Es hieße, das Kind entsprechend seinen Fähigkeiten zu fördern, aber auch, seine Begrenzungen zu akzeptieren und ihm Wege aufzuzeigen, wie es diese selbst annehmen kann. Jedes Kind hat sein eigenes Tempo im Lernen und Arbeiten, manche sind langsamer, manche schneller. Es ist gut, das zu berücksichtigen.

Ganz wichtig ist es, das Kind als eigenständige Person zu respektieren und zu achten. Vielleicht müssen Eltern zuerst einmal entdecken, welche eigenen unerfüllten Wünsche sie in das Kind hineinprojizieren. Die Gefahr ist dann groß, daß sie von ihrem Kind enttäuscht sind, weil es gerade diese Wünsche nicht erfüllt.

In meiner Generation hatten viele Menschen, bedingt durch die Nachkriegszeit, keine Möglichkeit, eine höhere Schule zu besuchen, geschweige denn ein Studium zu absolvieren. Da lag es nahe, den eigenen Kindern etwas Besseres zu wünschen. Sie sollten auf jeden Fall das Gymnasium besuchen und dann studieren. Viele der Kinder haben diese Möglichkeit gut genutzt, aber für manche war es eine Tortur und endete in Frustration und Versagen.

Das Kind achten, heißt auch, seine persönlichen Vorlieben, seine Freundschaften, seine Geheimnisse zu respektieren; Versprechungen, die man ihm gegeben hat, zu halten; sich zu entschuldigen, wenn man dem Kind Unrecht getan hat. So wird das Kind erfahren, daß es so, wie es ist, „gut" ist. Wenn jemand das von seinen Eltern signalisiert bekommt, wird er auch viel leichter glauben können, daß er ein unverwechselbares Original Gottes ist, daß Gott ihn „wunderbar geschaffen hat".

Es könnte auch für einen Erwachsenen reizvoll sein, noch einmal neu nachzudenken, welches die eigenen, besonderen Fähigkeiten sind. Neue Dinge können ausprobiert werden, solche, die einen schon immer gereizt haben, und vielleicht werden auch neue Begabungen entdeckt. Spätestens im Erwachsenenalter sollten pauschale Urteile über sich selbst wie „ich bin jemand, der nichts kann" oder „ich kann alles" korrigiert werden. Denn nicht nur Minderwertigkeitsgefühle, sondern auch Selbstüberschätzung führt zu Frustration und Enttäuschung.

In unserer Lebensgemeinschaft können junge Erwachsene für ein Jahr mitleben in einer Art Lebensschule. Einmal im Jahr gibt es ein sogenanntes Ehemaligentreffen. Dort wird nachgefragt, welche Erfahrungen im Abstand von ein paar Jahren den einzelnen am wichtigsten geworden sind. Ein junger Mann berichtete: „Ich habe gelernt, daß andere manche Dinge besser können als ich. Ich habe aber auch gelernt, daß ich wiederum manche Dinge besser kann als andere. Und ich habe gelernt, dies anzunehmen und auszuhalten.“ Mein spontaner Gedanke dazu war: Dann hat sich das Jahr für ihn gelohnt.

## Gott – gibt es ihn wirklich?

Spätestens wenn das Kind in die Schule kommt, wird auch der Glaube auf einen ersten Prüfstand gestellt. Das Kind entdeckt, daß es weder den Osterhasen noch den Weihnachtsmann gibt und daß Zwerge und Feen nur im Märchen vorkommen. Es wird sich die Frage stellen: Wie ist das dann mit Gott? Ist er auch in diese Kategorie einzuordnen? Ist er auch erfunden? Sind biblische Geschichten gleichzusetzen mit Märchen?

Eltern müssen ihren Kindern helfen, unterscheiden zu lernen. Das ist nicht ganz einfach. Osterhase und Weihnachtsmann könnte man vielleicht so erklären, daß es sich hierbei um traditionelle Vorstellungen handelt – gleichsam wie ein Spiel, das zu ganz bestimmten Festen gehört. Für ältere Kinder ist es nicht tragisch, wenn sie entdecken, daß es keinen Osterhasen gibt. Sie sind nun zu groß für dieses Spiel – spielen es aber gern weiter mit für ihre kleineren Geschwister.

Märchen sind erfundene Geschichten, die allerdings im Kern bestimmte Wahrheiten über das menschliche Leben beinhalten. Kleinere Kinder identifizieren sich unbewußt mit den Märchenfiguren. Sie helfen ihnen, ihre Ängste zu bewältigen und machen ihnen Mut, indem sie zeigen, daß man Schwierigkeiten überwinden kann. Aber so etwa ab dem Schulalter werden Märchen für Kinder uninteressant. Sie meinen dann zumeist, sie seien zu groß dafür. Erst Erwachsene entdecken unter Umständen wieder ganz neu, welche Wahrheiten in diesen vermeintlichen „Kindergeschichten“ stecken.

Biblische Geschichten sind jedoch damit nicht zu vergleichen. Sie erzählen keine erfundenen Geschichten, sondern Wahrheiten des Glaubens. Zum Teil erzählen sie Geschichten, die wirklich passiert sind. Zum Teil werden aber auch Geschichten und Bilder benutzt, um Wahrheiten über Gott auszudrücken, die man nur in

Bildern oder anschaulichen Geschichten ausdrücken und verstehen kann, wie zum Beispiel die Gleichnisse Jesu oder auch die Schöpfungsberichte. Wer war schon dabei, als Gott die Welt erschaffen hat? Aber es ist wichtig zu berichten, *daß* er sie erschaffen hat und daß es gut war, wie er sie erschaffen hat. Diese Wahrheit drücken die Schöpfungsberichte aus.

Für Eltern ist es keine leichte Aufgabe, Kindern die Unterschiede zwischen Osterhase, Märchen und den Wahrheiten des Glaubens deutlich zu machen. Vielleicht müssen Eltern sich zuerst selbst einmal über diese Unterschiede Klarheit verschaffen, ehe sie sie ihren Kindern vermitteln können.

In der Schule trifft das Kind auf eine weitere Schwierigkeit. Kommt es selber aus einem Elternhaus, wo man mit Gott lebt, so trifft es in der Schule auf Kinder, in deren Elternhaus Gott überhaupt keine Rolle spielt. Wo Eltern vielleicht sogar ihren Kinder erzählen, die Sache mit Gott sei nur Kinderkram und nichts für vernünftige Leute. Ein Kind möchte aber dazugehören, möchte genauso sein wie die anderen Kinder. Nun bemerkt es seine Andersartigkeit, daß es anders glaubt als die anderen Kinder. Ein Prozeß der Neuidentifikation beginnt. Wird es das Anderssein aushalten?

Es wird sicher mit darauf ankommen, wie ein Kind sein Elternhaus empfindet. Fühlt es sich dort gut aufgehoben, angenommen und geliebt; herrscht eine gute Atmosphäre zu Hause – stimmt also das, was über den Glauben gesagt wird, überein mit dem, was das Kind tagtäglich erlebt, so wird es wenig Mühe haben, zu seinem Glauben zu stehen. Der Glaube der Eltern wird positiv erlebt – also muß es wohl gut sein, wenn man an Gott glaubt. Weil das Kind sich in der Familie gut aufgehoben fühlt und dort einen festen Halt hat, wird es auch das Anderssein aushalten können.

Stimmen aber Glauben und das, was im Elternhaus gelebt wird, nicht überein, besteht die Gefahr, daß der Glaube des Kindes erste Risse bekommt. Die Unstimmigkeiten können auf verschiedenen Ebenen liegen. Es kann sein, daß in der Familie zwar der Gottesdienst besucht wird, aber der eigentliche Gott das Geld ist, um das sich alles dreht. Unter Umständen wird dem

Kind auf der einen Seite erzählt, daß Gott die Menschen liebt, aber auf der anderen Seite erlebt das Kind immer wieder, daß ihm mit diesem Gott gedroht wird, falls es nicht anständig und brav ist. Mancher wird an dieser Stelle eigene Beispiele aus seiner Kindheit nennen können.

Ganz aufgeben wird ein Kind, das aus einem christlichen Elternhaus kommt, in den ersten Schuljahren seinen Glauben kaum. Sich gegen das zu stellen, was im Elternhaus gilt, ist ja noch viel schwieriger, als etwas anderes zu glauben als andere Kinder. Dazu ist ein Kind in diesem Alter noch viel zu sehr auf die Eltern angewiesen. Doch erste Zweifel, die dann erst in der Pubertät an die Oberfläche kommen, können sich schon hier ganz verborgen im Untergrund bilden.

Religionslehrer berichten, daß Kinder im Grundschulalter im allgemeinen noch bereit sind, an Gott zu glauben und auch sehr gern biblische Geschichten hören. Geschichten sind nach wie vor die Hauptquelle, aus der sie ihre Vorstellungen über Gott beziehen. Von ihrem Denkvermögen her können sie jetzt auch komplexere Geschichten, wie zum Beispiel manche Vätergeschichten im Alten Testament oder die Berichte über die Missionsreisen von Paulus, verstehen. Kinder erfinden in diesem Alter selbst gern Geschichten mit allen möglichen verwickelten Gedankengängen.

## Gott bestraft die Bösen und belohnt die Guten

Im Grundschulalter entwickeln Kinder ein Werte- und Moralsystem. Sie lernen zu unterscheiden zwischen Recht und Unrecht, zwischen Gut und Böse. Diese Unterscheidung wird vor allem durch Belohnung und Bestrafung erlernt. Durch Eltern, Lehrer oder andere Erziehungspersonen erfährt ein Kind, daß Wohlverhalten – also Gutes – belohnt und „Böses" bestraft wird. So kann es verinnerlichen, was recht und was nicht recht ist. Allerdings ist dieses Moralsystem noch sehr einfach und durch ein Schwarz-Weiß-Denken geprägt. Differenzieren können Kinder in diesem Alter noch nicht, aber sie brauchen dieses grobe Grundmuster, um überhaupt ein Wertesystem zu bilden.

Gutes wird belohnt, Böses wird bestraft. Diese Vorstellung übertragen Kinder auch auf Gott. Der Gott des Grundschulalters ist ein Gott, der die Guten belohnt und die Bösen bestraft. Zwischentöne fehlen. Es ist eine Vorstellung, die später differenziert werden muß. Denn es ist ja nicht die ganze Wahrheit über Gott, daß er die Guten belohnt und die Bösen bestraft, auch wenn viele Erwachsene noch in diesem Denken verhaftet sind. Aber diese Vorstellung ist nicht völlig falsch. Daß Gott Gutes belohnt und Böses bestraft, erlebten die Menschen der Bibel, und wir können es auch heute noch erfahren. Daß damit aber nicht die ganze Wahrheit über Gott erfaßt ist, können wir schon im Alten Testament nachlesen. Wir brauchen nur an die Klagen der Psalmisten zu denken, daß es den Gottlosen so gut geht und den Frommen so schlecht oder auch an die Geschichte von Hiob. Im Neuen Testament stellt Jesus diese Vorstellung in der Geschichte vom verlorenen Sohn vollends auf den Kopf. Der jüngere Sohn, der soviel Böses getan hat, wird nicht bestraft, sondern durch Umkehr zum Vater ganz neu beschenkt. Gottes Gnade übersteigt das Muster von „Gutes wird belohnt und Böses bestraft“.

Das Moralsystem von Gut und Böse bezieht das Kind natürlich auch auf sich selbst. Es fängt an, Schuldgefühle zu entwickeln, wenn es etwas Unrechtes getan hat. Strafe wird als gerecht empfunden. Strafe (natürlich keine Prügelstrafe) kann sogar für das Kind eine Erleichterung seines Gewissens bedeuten, weil damit nach seiner Vorstellung das Unrecht abgegolten und die Sache erledigt ist. Dazu muß aber der Zusammenhang von Schuld und Strafe für das Kind nachvollziehbar sein. Außerdem ist ganz wichtig, daß ein Kind nicht bloßgestellt und beschämt wird, sondern vielmehr merkt, daß es für ein bestimmtes Verhalten die Konsequenzen tragen muß, aber als Person trotzdem geachtet und geliebt ist.

Für Eltern bedeutet diese Vorstellung der Kinder, daß Gott die Bösen bestraft und die Guten belohnt, eine große Versuchung, Gott zum „Aufpassergott“ zu degradieren. „Das gefällt dem lieben Gott aber gar nicht, wenn du unartig bist!“ – wäre für manchen vielleicht ein willkommenes Hilfsmittel zur Erziehung. Damit würden aber Eltern für das Kind ein Bild von Gott festschreiben, mit dem es später einmal große Schwierigkeiten haben könnte.

Ich erinnere mich an eine Familien-Freizeit, die schon etwa 25 Jahre zurückliegt und an der wir als Familie teilnahmen. Ein Eindruck von dieser Freizeit ist mir bis heute im Gedächtnis geblieben. Der Leiter der Freizeit sagte eines Tages zu den Kindern: „Jedes Kind hat einen Schutzengel an seiner Seite. Wenn das Kind brav ist und gehorcht, bleibt der Schutzengel an seiner Seite. Wenn es aber zornig ist und mit den Füßen stampft, dann wendet sich der Schutzengel traurig ab." Innerlich stellten sich mir alle Stacheln. Was für eine Vorstellung von Gott! Was soll ich mit einem Gott, der sich genau dann abwendet, wenn ich ihn am meisten brauche? Auf dessen Schutz und Hilfe ich nur vertrauen kann, wenn ich Wohlverhalten zeige? Wie kann ich mich dann jemals bei Gott geborgen fühlen? Meine Hoffnung ist, daß solche Aussagen über Gott Kindern gegenüber der Vergangenheit angehören.

Für ein Kind ist diese Vorstellung von Gott, daß er die Guten belohnt und die Bösen bestraft, seinem Alter angemessen. Es braucht sie – wie gesagt – zur Bildung eines inneren Wertesystems. Wir als Erwachsene sollten diese Vorstellung nicht festschreiben, sondern durch unsere reifere Vorstellung von Gott dem Kind den Weg zum Weitergehen eröffnen. Vielleicht ist es dazu nötig, daß wir uns zuerst selbst einmal fragen: Wie weit bin ich noch in dem Denken verhaftet, daß Gott ein Gott des Gesetzes ist, der demzufolge Böses bestraft und Gutes belohnt? Diese Vorstellung von Gott ist viel zu eng. Damit werden wir Gott nicht gerecht. Gerade darum hat ja Gott seinen Sohn in die Welt geschickt, um uns zu sagen: Es gibt nicht nur Belohnung und Bestrafung, sondern ebenso Umkehr und Vergebung. Es gibt Gnade und Freiheit zum Leben. Eine Freiheit, in der ein Mensch nicht ständig darauf bedacht sein muß, ja keinen Fehler zu machen, aus Angst, das Wohlwollen Gottes zu verlieren.

Für Eltern gibt es heute allerdings noch eine andere Gefahr als die, Gott zum „Aufpassergott" zu degradieren, nämlich genau ins

Gegenteil zu verfallen: Die Gefahr, daß man Kindern alles durchgehen läßt und keine Konsequenzen einfordert. Die Frage ist, wie und ob Kinder überhaupt ein Wertesystem aufbauen können, wenn ihnen keine Grenzen gesetzt werden, wenn ihnen alles erlaubt wird und begangenes Unrecht keine Folgen hat.

Grenzen geben Kindern Sicherheit. Sie können dadurch ein Wertesystem verinnerlichen, das ihnen hilft, sich besser in der Welt zurechtzufinden. Zum anderen ist es aber auch so, daß Kinder noch schlecht ihre eigenen Gefühle beherrschen können und deswegen Angst vor ihren Gefühlen und Gefühlsausbrüchen haben. Grenzen setzen heißt dann für sie: Da ist jemand, der mich vor mir selbst schützt, wenn ich es nicht mehr kann. Da ist jemand, dem nicht gleichgültig ist, was ich tue. Da ist jemand, der auf mich aufpaßt. Das gibt einem Kind Geborgenheit und Sicherheit.

Natürlich freut sich das Kind aber auch, wenn einmal nicht entdeckt wird, daß es etwas Unrechtes getan hat. Es erlebt so, daß es gegen die übermächtigen Erwachsenen doch eine Chance hat und nicht völlig ohnmächtig ist.

## „Rituale" – Gott im Alltag erleben

Für mich ist es wichtig, daß ein Kind erfährt, daß es nicht nur den Eltern, sondern auch Gott nicht gleichgültig ist. Es soll erfahren, daß Gott es geschaffen hat, daß er es kennt, sieht und es lieb hat, und daß dieser Gott es gut mit ihm meint. Es soll auch erfahren, daß dieser Gott Macht hat, es zu beschützen. Man sollte einem Kind allerdings auch nicht verschweigen, daß Gott manchmal Dinge tut, die wir nicht verstehen. Erfahren wird dies alles ein Kind nicht allein durch Worte, sondern vor allem auch dadurch, daß diese Vorstellungen von Gott im Leben der Eltern eine Rolle spielen und ihr Lebensgefühl prägen.

Durch bestimmte „Rituale", bei denen das Kind etwas erlebt und mit seinen Gefühlen beteiligt ist, verfestigen sich seine Erfahrungen mit Gott. Solche „Rituale" sind zum Beispiel, mit dem Kind am Abend zu beten. Es darf Gott sagen, was an diesem

Tag war; es darf ihm seine Sorgen sagen und bitten, daß Gott es in der Nacht, in der es ja so viele Ängste gibt, beschützt. So lernt ein Kind mit der Zeit, daß es diesen mächtigen Gott durch Gebete erreichen kann, daß er nicht nur allmächtig im Himmel thront, sondern die Menschen auf der Erde hört und sich von ihnen bewegen läßt, bestimmte Dinge zu tun, um die sie ihn bitten.

Solche „Rituale" können aber auch Feste wie Weihnachten und Ostern sein. Jedoch nur dann, wenn durch die Art und Weise, wie diese Feste gefeiert werden, ihr Sinn deutlich wird und wenn sie nicht nur zu reinen Geschenkfeiern verkommen. Ich erinnere mich an ein Weihnachtsfest in unserer Lebensgemeinschaft. Zu der Zeit gab es viele kleine Kinder bei uns, keines älter als vier Jahre alt. Wir Erwachsenen überlegten, wie wir ihnen das Geschehen an Weihnachten verdeutlichen könnten. Es kam die Idee auf, ihnen die Weihnachtsgeschichte einfach vorzuspielen. Einer spielte den Engel, der Maria in der Küche erschien. Dann zogen Maria und Josef durch die ganze Wohnung nach „Bethlehem", das heißt in einen größeren Gemeinschaftsraum. Dort hatten zuvor einige Väter einen Stall aufgebaut. In dem Stall lag ein wirkliches kleines Baby, das vor einigen Wochen geboren worden war, in seinem Bettchen. Die Weisen kamen und brachten Geschenke. Ich weiß nicht, wieviel die Kinder davon begriffen haben, daß es aber ein besonderer Tag war, haben sie auf jeden Fall gespürt.

Möglich ist auch, am Geburtstag eines Kindes ein Gebet zu sprechen und Gott zu danken, daß er diesem Kind das Leben geschenkt und es bis hierher geschützt und bewahrt hat. In unserer Kirchengemeinde bekommen die Eltern bei der Taufe des Kindes eine Taufkerze geschenkt, verbunden mit der Anregung, sie doch jedes Jahr am Tauftag des Kindes anzuzünden. Worte werden schnell vergessen, aber was ein Kind erlebt hat, wird ihm im Gedächtnis als gute Erfahrung erhalten bleiben.

Überhaupt wird ein Kind mit seinem feinen Gespür dafür, was echt und was nicht echt ist, schnell merken, wenn die Worte der Eltern ihrem Leben widersprechen. Wenn sie zum Beispiel die Kinder zum Gottesdienst schicken, aber selbst nie hingehen, wenn sie vom Gott der Liebe reden, aber zu Hause eine Atmosphäre herrscht, die von allem anderen als von Liebe geprägt ist. Eltern müssen nicht perfekt sein, aber wenn die Kinder bei den Eltern sehen, daß es gut ist, mit Gott zu leben und daß es ein fröhliches, reiches und erfülltes Leben ist, so wird das Spuren in ihrem Leben hinterlassen.

Trotzdem – Kinder zum Glauben erziehen kann man letztlich nicht. Man kann Wege bereiten oder Wege verbauen, aber daß ein Kind einmal zu einem eigenen Glauben an den dreieinigen Gott findet, kann man nicht „machen". Das ist – wie uns die Bibel zeigt – ein Werk des Heiligen Geistes. Das ist für Eltern Beschränkung und Trost zugleich.

Deswegen möchte ich an den Schluß dieses Kapitels ein Zitat von Otto Baumgart stellen, das genau dies ausdrückt (aus: Karl Ernst Nipkow, Erwachsenwerden ohne Gott? Kaiser Traktate 1987):

Aller Unterricht an Kindern und Jugendlichen bleibt – „notwendig halb, bewußt halb; die Überführung der Kenntnisse in eigene Überzeugung, die religiöse Erziehung und Erweckung bleibt zumeist dem Geiste Gottes und dem Unterricht des Lebens überlassen".

# 3. Ich weiß nicht, wer ich bin

„Ich bin nicht, was ich sein sollte, ich bin nicht, was ich sein werde, aber ich bin nicht mehr, was ich war" – steht an der Wand einer Cowboy-Bar im Westen Amerikas (aus: E. Erikson, Identität und Lebenszyklus, Suhrkamp Taschenbuch 1966).

Dieses Zitat scheint mir eine zutreffende Beschreibung für die Phase des Jugendalters – die Pubertät – zu sein. Es ist die Zeit der großen Umbrüche, der großen Verunsicherungen und der Versuche, eine neue, eigene Identität zu finden. „Wer bin ich? – Wer will ich werden? – Wie will ich einmal sein?" Das sind Fragen, die sich in der Pubertät stellen und nach einer Antwort suchen.

Im eigenen Körper finden starke Veränderungen statt. Das Aufbrechen des Geschlechtstriebes läßt die Seele nicht unbeeinflußt. Es ist deshalb auch eine Zeit der starken Gefühle, himmelhoch jauchzend – zu Tode betrübt. Diese Gefühle wollen sich auf verschiedenste Art und Weise ausdrücken. Da werden stundenlange Gespräche geführt über Gott und die Welt. Da wird Tagebuch geschrieben oder es werden Gedichte verfaßt. Ich kann mich noch gut erinnern, daß ich selbst in diesem Alter seitenlange Briefe an meine Klassenkameradinnen schrieb – und ebensolche erhielt -, obwohl wir uns jeden Tag in der Schule sahen.

## Ein Ablösungsprozeß beginnt

Der erste Schritt auf einem neuen Weg besteht darin, daß man den alten verläßt. Der alte Weg hieß: abhängig sein, tun was die Eltern sagen. Die Eltern trugen bisher weitgehend die Verantwortung für das Leben des Kindes. Der neue Weg heißt: selbständig werden, Eigenverantwortung übernehmen, sein Leben mehr und mehr in die eigene Hand nehmen und selbst steuern.

Dieser Ablösungsprozeß geht oftmals nicht ohne heftige „Schläge", ohne Protest und Auflehnung vonstatten. Die Jugendlichen wissen zumeist noch nicht, wohin sie wollen; sie wissen nur eines: Ich will nicht mehr das, was die Eltern wollen, denken und meinen. Von daher hat dieser Ablösungsprozeß durchaus destruktive Züge. Dies äußert sich oft darin, daß Jugendliche in eine Art prinzipieller Opposition gehen. Sie tun genau das Gegenteil von dem, worauf Eltern besonderen Wert legen. Sind Eltern sehr ordentlich, so kann es sein, daß ihr Kind extrem schlampig herumläuft. Legen Eltern besonderen Wert auf Leistung, wird genau diese (z.B. in der Schule) verweigert. Allerdings muß es nicht sein, daß dieser Prozeß so heftig verläuft. Manche Jugendliche durchlaufen ihn auch wesentlich ruhiger.

Eltern empfinden ihre Kinder in diesem Alter oft als sehr undankbar. Soviel haben sie für ihr Kind getan und nun diese Auflehnung. Aber man muß sehen, daß dieser Prozeß notwendig ist. Würde er nicht stattfinden, könnte das Kind nicht zu einer eigenständigen Persönlichkeit heranreifen, es würde nicht selbständig werden, würde keinen eigenen Willen und keine eigene Identität entwickeln, könnte letztlich nicht „Ich bin ich“ sagen. Es würde wenig Initiative entwickeln zu eigenem, kreativem Tun; es würde sein Leben nicht selbst gestalten, sondern immer nur tun, was von ihm verlangt wird; es wäre nicht fähig zu selbständigem, eigenverantwortlichem Handeln, es bliebe unmündig.

„In der Pubertät hat der Mensch nicht nur das Recht, sondern die Pflicht, er selbst zu werden und nicht mehr nur das Kind seiner Eltern zu sein“, schreibt Paul Tournier (in: Die Jahreszeiten unsres Lebens, GTB Siebenstern, 1983).

Aber Ablösung heißt natürlich mehr als nur dagegensein oder weglaufen. In gewisser Weise ist dieser erste Schritt zur Ablösung nur eine andere Form von Abhängigkeit. Ein Jugendlicher *muß* dagegen sein, er *muß* genau das nicht tun, was die Eltern wollen, er *muß* genau das tun, was die Eltern nicht wollen. Er ist (noch) nicht frei, sachgerecht zu entscheiden, sondern ist in seiner „Anti-Haltung“ verhaftet. „Hauptsache dagegen“ – ist das Motto, das oft die Entscheidungen von Jugendlichen bestimmt.

Gelungen ist ein Ablösungsprozeß erst dann, wenn jemand in der Lage ist, seinen Eltern neu auf einer anderen Ebene zu begegnen, nämlich auf einer partnerschaftlichen. Er muß dann nicht mehr tun, was sie wollen. Er muß aber auch nicht aus Prinzip dagegen sein, sondern er kann eine Sache tun, weil er sie selbst gut findet und von ihr überzeugt ist, egal ob die Eltern die Sache nun gut finden oder nicht. Zugespitzt formuliert könnte ein junger Mensch, der sich von seinen Eltern abgelöst hat, von sich sagen: Ich kann eine Sache tun, *obwohl* meine Eltern es wollen. Dieser Ablösungsprozeß gelingt aber in der Regel erst viel später, Fachleute behaupten nicht vor siebenundzwanzig oder achtundzwanzig Jahren.

Für das Gelingen dieses Ablösungsprozesses ist es nötig, daß jemand die Fähigkeit erlangt, sich eine eigene Meinung zu bilden, ein eigenes Urteil zu fällen. Er muß lernen, zu seiner eigenen Meinung zu stehen, auch wenn ein anderer nicht der gleichen Meinung ist. Auf der anderen Seite sollte jemand auch fähig sein, seine eigene Meinung zurückzunehmen, wenn andere bessere Argumente haben, ohne daß dadurch gleich sein Selbstwertgefühl in Frage gestellt wird. Er sollte in der Lage sein, sich durchzusetzen, aber eben auch sich zurückzunehmen, wenn es der eigentlichen Sache dient. Es wird deutlich, daß hier ein hoher Anspruch formuliert ist, den wohl kaum einer vollständig erfüllen kann.

Mir ist im Laufe der Jahre aufgefallen, daß es auch bei über Dreißigjährigen noch eine Menge (oft versteckter) Abhängigkeiten gibt. Da sagt zum Beispiel eine junge Frau: „Einmal möchte ich erleben, daß mein Vater gut findet, was ich tue." Äußerlich ist diese junge Frau zwar unabhängig, aber innerlich noch an den Vater gebunden.

In einem anderen Fall suchte eine junge Familie Rat in folgender Situation: Die Eltern der Frau wollten ihr eine Eigentumswohnung überschreiben. Es war klar, daß die Familie selbst nicht hineinziehen würde, da sie beruflich ortsgebunden war. Gedacht war es also als Geldanlage. Nun machten die Eltern ihrer Tochter aber Vorschriften, wie sie die Mieteinnahmen verwenden sollte und wie nicht („auf keinen Fall der Kirche spenden!"). Ich schlug dieser jungen Frau vor, ihren Eltern sehr deutlich zu sagen: Entweder ihr gebt mir die Wohnung und wir entscheiden selbst, was wir mit den Einnahmen machen, oder ihr behaltet die Wohnung.

Ich weiß nicht, wie diese junge Familie letztendlich gehandelt hat. Leicht war die Entscheidung nicht, denn die Einnahmen hätten sie sicher gut gebrauchen können. Doch Unabhängigkeit hat eben auch ihren Preis. In Begegnungen mit vielen jungen Menschen ist mir aufgefallen, daß es gar nicht so selten vorkommt, daß Eltern über finanzielle Zuwendungen Einfluß auf das Leben ihrer Kinder nehmen wollen.

Reste von Abhängigkeiten werden immer bleiben. Doch ist es gut, sich einmal zu überlegen: In welchen Abhängigkeiten bin ich noch gefangen, die eigentlich nicht gut sind, mein Leben einschränken und mich an meiner Lebensentfaltung hindern? Wo nehme ich mein Leben nicht selbst in die Hand, sondern lasse mich von außen steuern? Wenn wir Leben als Entwicklungsweg zu immer mehr Reife verstehen, so gehört dazu, sich immer wieder aus bestimmten Abhängigkeiten zu lösen, die diese Reife behindern.

## „Wer bin ich?" – Die Frage nach der eigenen Identität

Die Frage, die sich den Jugendlichen zum ersten Mal massiv stellt, lautet: „Wer bin ich?" Der Jugendliche muß eine erste Antwort darauf finden. Die Frage nach der eigenen Identität wird ihn ständig begleiten und im weiteren Leben immer wieder überprüft, korrigiert und angepaßt werden. Endgültig beantwortet wird sie wohl während des Lebens nicht. Um erste Antworten auf die Frage nach ihrer neuen, eigenen Identität zu finden, gehen Jugendliche verschiedene Schritte.

### *a) Abgrenzung*

Der erste Schritt ist, wie oben bereits erwähnt, das „Alte" zu verlassen, sich loszulösen von den Eltern. In einem Vortrag hörte ich einmal folgende Erklärung zu diesem Schritt des Loslösens: Das Weltbild der Eltern wird zuerst einmal gründlich zerschlagen. Wenn Eltern aber genug Gelassenheit besitzen, dem zuzuschauen, werden sie feststellen, daß die neue Identität nicht ein völlig neuer Mensch mit gänzlich anderer Weltanschauung ist. Die neue Identität setzt sich aus den Scherben des alten Weltbildes zu einem neuen Mosaik zusammen. Natürlich wird dabei manches vom alten Weltbild über Bord geworfen, und manche neuen Werte, Ideen und Vorstellungen kommen dazu. Doch viele grundlegende Werte, die sich im Laufe der Kindheit eingeprägt haben, bleiben erhalten, auch wenn sie vielleicht nun anders gelebt werden.

Deutlich wird diese Tatsache oft erst, wenn Jugendliche älter werden und selbst eine Familie gründen. Wie oft habe ich von jungen Frauen schon den Ausruf gehört: „Und auf einmal habe ich entdeckt, daß ich es genauso mache wie meine Mutter!" Manchmal wird diese Entdeckung negativ bewertet („Ich wollte nie werden wie meine Mutter!"), manchmal aber auch positiv: „So schlecht war das gar nicht, was meine Mutter gemacht hat."

### *b) Soziale Anerkennung*

Ein weiterer Weg, auf dem junge Menschen versuchen, zu sich selbst zu finden, geht über andere Menschen. Es gehört zu den Grundbestrebungen des Menschen, angenommen, anerkannt und geliebt zu werden. Gepaart damit ist die Furcht vor Ablehnung, Zurückweisung und Einsamkeit. Dieser Wunsch nach Anerkennung und Zugehörigkeit ist in der Pubertät besonders ausgeprägt. Jugendliche reagieren auf Ablehnung sehr empfindlich. Sie wollen dazugehören, sie wollen von anderen – besonders von Gleichaltrigen – anerkannt werden. Darauf basiert in dieser Phase sehr stark ihr Selbstwertgefühl. Deshalb identifizieren sie sich mit einer Gruppe und tun, was „man" dort tut, tragen die Kleidung, die „man" dort trägt, hören die Musik, die „man" dort hört.

Es ist für Jugendliche ganz wichtig zu erfahren, wie andere sie sehen. Die Position, die sie innerhalb der Gruppe einnehmen, bestimmt einen großen Teil ihrer Identität. Trotzdem haben sie auch noch ein Gespür dafür, wie sie ihrem eigenen Gefühl nach sind, wie sie sich selbst sehen und erleben. Aus diesen beiden

Sichtweisen – der eigenen und die der anderen – versuchen sie, ein Bild von sich selbst aufzubauen.

Häufig findet man bei Jugendlichen eine ausgesprochene Intoleranz. Jeder, der anders ist, andere Kleider trägt, zu einer anderen Clique gehört, eine andere Nationalität hat, wird konsequent abgelehnt. Das mag zunächst erstaunen, da doch Jugendliche zugleich gegen jede Art von Einengung aufbegehren. Aber diese Intoleranz ist verständlich auf dem Hintergrund der Identitätsfindung. Der Jugendliche muß wählen, wer er werden will. Doch die Auswahl unter unüberschaubar vielen Möglichkeiten ist verwirrend. Um sich nicht in diesen vielen Möglichkeiten zu verlieren, legt man sich auf eine fest und schließt alle anderen vehement aus. Im Grunde ist diese Intoleranz eine Folge der Selbstunsicherheit und sollte nur eine Übergangsphase sein. Mit zunehmender Selbstsicherheit sollte auch die Fähigkeit zur Toleranz wachsen.

### *c) Vorbilder*

Weiter dienen Vorbilder zur Identitätsfindung. Ich habe es nicht untersucht, aber ich vermute, daß die meisten Mitglieder von Fan-Clubs Jugendliche sind, sei es im Bereich Musik, Sport oder in anderen Bereichen. Allerdings wechseln diese Vorbilder immer wieder, weil der junge Mensch noch auf der Suche ist, wem er folgen will. Er muß das Recht haben zum Ausprobieren, um das zu finden, was zu ihm paßt.

Im Idealfall findet der Jugendliche ein Vorbild, das nicht nur einen Ausschnitt des Lebens repräsentiert (wie Sportler oder Rockstars, die ja zudem meist weit entfernt sind), sondern einen Menschen aus Fleisch und Blut, der ein Leben vorlebt, das begeistert und an dem der Jugendliche sich orientieren kann. Das kann ein Lehrer (oder Lehrerin) sein, ein Jugendleiter, ein Trainer oder sonst jemand, zu dem der Jugendliche eine Beziehung aufbaut.

### *d) Verantwortlich handeln*

Selbständig werden schließt ein, bereit zu sein, auch Verantwortung zu übernehmen. Die Zeit der Ge- und Verbote ist großenteils vorbei. Das heißt aber nicht, Jugendliche einfach gewähren zu lassen, sondern sie müssen jetzt lernen, daß sie in einem sozialen Gefüge leben, das bestimmte Spielregeln hat und wo jeder Rechte und Pflichten wahrnehmen muß. Sie müssen auch lernen, Konsequenzen, die sich aus ihrem Verhalten ergeben, selbst zu tragen. Statt einfach anzuordnen und zu verbieten, sollten Eltern zusammen mit ihren Kindern Spielregeln des Zusammenlebens aushandeln und Pflichten gerecht verteilen. Es ist dann Ehrensache – für Eltern und Kinder –, sich an gemeinsam beschlossene Abmachungen zu halten.

Eltern können in dieser Phase der Versuchung erliegen, noch zu viel bestimmen zu wollen, aber auch der Versuchung, die Dinge einfach laufen zu lassen, weil das Durchsetzen bestimmter Abmachungen zu anstrengend erscheint. Beides ist deshalb wichtig: Toleranz und Standfestigkeit. Dazu ist es notwendig, Verständnis aufzubringen für diese Lebensphase, in der sich die Jugendlichen befinden und zu vertrauen, daß sie ihren Weg machen werden.

Daß man Vertrauen haben kann, daß Kinder ihren Weg machen werden, ist mir an unserem Sohn einmal deutlich geworden. Bei uns im Dorf gab es einen Jugendtreff, wo es vor allem um Alkohol, Rauchen und Mädchen ging. Da in unserem Dorf sonst nicht viel geboten wurde, ging unser Sohn natürlich auch dorthin. Sollten wir ihm das verbieten? Pädagogisch fanden wir das unklug, wohl war uns allerdings auch nicht dabei. Nach einiger Zeit fiel uns auf, daß er überhaupt nicht mehr zu diesem Jugendtreff ging. Ich fragte ihn: „Gehst du nicht mehr hin?" Kurz angebunden meinte er: „Nein." Kein weiterer Kommentar. Aber mir ging auf, daß er selbst gemerkt hatte, daß dieser Jugendtreff nicht das war, was er wollte, nicht der Ort, wo er sich wohlfühlte.

Situationen, in denen das Vertrauen der Eltern gefordert ist, gibt es in der Zeit der Pubertät immer wieder. Mein Mann pflegte dann zu sagen: „Man muß die Engel Gottes mitschicken."

## Der Kinderglaube zerbricht

Mit dem Weltbild ihrer Eltern werfen viele Jugendliche auch ihren Glauben über Bord. Die Konfirmation (bei evangelischen Familien) wird noch gefeiert, danach besucht man die Kirche nicht mehr. Diese Abwendung von Glaube und Kirche kann Teil des Protests sein gegen alles, was Eltern denken und worauf sie Wert legen. Der Protest richtet sich natürlich nicht nur gegen die Eltern selbst, sondern gegen die Erwachsenenwelt im allgemeinen, deswegen schließt der Protest andere „Erziehungspersonen" wie Lehrer und Pfarrer durchaus mit ein.

Wir sagen, der „Kinderglaube" zerbricht. Was aber ist der Kinderglaube? Im vorigen Kapitel hatte ich einige Merkmale dieses Kinderglaubens genannt:

- Daß es Gott gibt, wird nicht in Frage gestellt.
- Gott kann alles. Gott hilft. Gott tut Wunder.
- Gott belohnt die Guten und bestraft die Bösen. Er paßt auf, was ich tue.

Das Gottesbild der Kinder geht davon aus, daß es diesen Gott wirklich gibt; es ist ein persönliches und von magischen Vorstellungen geprägtes Gottesbild.

Jugendliche sind kritisch. Sie fragen: Gibt es diesen Gott überhaupt? Und wenn es Gott gibt, welche Macht hat er? Ist er nur ein „lieber alter Opa", der niemandem etwas zu leide tut, aber auch nichts zu sagen hat? Der dann aber auch dem Bösen machtlos gegenüber steht? Oder hat sich Gott von dieser Welt zurückgezogen und sie einfach ihrem Schicksal überlassen? Ist Gott vielleicht nur eine Erfindung der Menschen, bilden sich Menschen diesen Gott einfach nur ein? Das sind Fragen, die Jugendliche bewegen.

Sie merken auch, daß das Gottesbild, die Guten werden belohnt und die Bösen bestraft, nicht übereinstimmt mit dem, was sie in der Realität erleben. Warum widerfährt dann so vielen guten Menschen Böses? Warum läßt Gott soviel Leid in der Welt zu?

Außerdem gleicht dieser Gott, der die Guten belohnt und die Bösen bestraft, zu sehr den Erziehungsvorschriften der Eltern aus früheren Tagen. Sie wollen sich nicht mehr in ein Korsett aus Normen und Vorschriften zwängen lassen und ständig in Angst vor Strafe leben. Nicht mehr ständig brav und angepaßt sein, um Strafen zu vermeiden. Die Jugendlichen wollen frei sein, eigene Möglichkeiten und Grenzen erproben. Besonders vitale Jugendliche haben keine Lust, sich solch ein Korsett von Vorschriften anlegen zu lassen.

Für manche ist dieser Gott aber auch ganz einfach uninteressant geworden. Sie sehen eigentlich nicht, wozu man ihn brauchen sollte. Da er nicht sichtbar ist, wird er einfach nicht beachtet. Es kann aber sein, daß man sich in Notzeiten wieder auf ihn besinnt. In einer Untersuchung an Berufsschulen hat man festgestellt, daß viele Jugendliche, auch wenn sie zu keiner Kirche gehören, trotzdem zu Gott beten, ihm ihre Not klagen und von ihm Hilfe erbitten. Das ist erstaunlich und sollte uns Erwachsene zum Nachdenken bringen.

## Vorbilder für ein attraktives Christsein – gibt es sie?

Jugendliche versuchen ihre Identität durch Vorbilder zu finden. Das gilt auch für die Identität im Glauben. Deshalb die Frage: Was finden Jugendliche in unseren Gemeinden vor? Gibt es Menschen, die ihren Glauben so leben, daß Jugendliche davon fasziniert sind? Gibt es Menschen, bei denen Jugendliche ein reifes Gottesbild erleben, damit ihre eigene Sicht von Gott einen größeren Horizont bekommt? Gibt es Menschen, die den kritischen Fragen der Jugendlichen standhalten?

Tragisch ist jedoch, daß viele erwachsene Christen bei dem Gottesbild ihrer Kindheit stehenbleiben, daß man sich mit Wohlverhalten und Bravsein (in jugendlichen Augen: langweilig sein) Gottes Gunst erhält, aber mit Sünde seine Gunst verscherzt. „Alles was Spaß macht, ist verboten“ – so sieht für junge Leute ein Christsein aus, das so gelebt wird. Für lebensbejahende, lebenshungrige junge Leute ist das nicht attraktiv.

In einer Gemeinde, in der auf Wohlverhalten der größte Wert gelegt wird, bleiben unter Umständen nur solche jungen Leute dabei, die sich in dem altbewährten Muster – Gutes wird belohnt und Böses wird bestraft – sicher fühlen und nicht den Mut haben, den nächsten Entwicklungsschritt zu vollziehen. Hat sich aber nicht Jesus selbst gerade gegen die gewandt, die versuchten, sich mit dem Einhalten von Vorschriften Gottes Gunst, beziehungsweise den Himmel zu verdienen – die Pharisäer?

## Vom „Aufpassergott" zum liebenden Vater

Der Zisterzienserabt Bernhard von Clairvaux hat einmal gesagt, es gäbe drei Arten der Beziehung von Mensch zu Gott:

- man könne sich als Sklave fühlen,
- man könne die Stellung eines Lohnarbeiters einnehmen
- oder man könne sich als Sohn oder Tochter Gottes wissen.

Der Sklave (zur Klarstellung: wenn Paulus schreibt, er sei ein Sklave Jesu Christi, meint er damit etwas anderes) dient Gott aus Angst, aus Angst vor Strafe, Angst vor der Verdammnis oder ähnlichem.

Der Lohnarbeiter möchte sich den Himmel verdienen, mit guten Werken, frommen Leistungen und Wohlverhalten.

Die Beziehung von Sohn oder Tochter aber ist eine Liebesbeziehung: Den Vater lieben – vom Vater geliebt werden.

„Gott als den liebenden Vater erkennen" – das ist bei vielen jungen Leuten, die eine Zeit in unserer Gemeinschaft mitleben, das Thema, das ihnen während dieser Zeit am wichtigsten wird. Viele sind noch bestimmt vom Bild des strafenden Gottes, der oben im Himmel sitzt und genau Buch führt über alle guten und schlechten Taten. Es ist eine befreiende Erfahrung in ihrem Glauben, wenn sie Gott als den liebenden Vater erkennen, der sie bedingungslos annimmt. Der sich ihnen zuwendet, auch wenn sie sich abwenden; der zu ihnen steht und ihnen vergibt, auch wenn sie Dinge getan haben, die nicht gut waren.

Sie erleben Gott als den liebenden Vater, wie er sich im Gleichnis vom verlorenen Sohn darstellt. Die meisten werden diese Geschichte kennen, die Jesus in Lukas 15 erzählt, um seinen Zuhörern zu zeigen, wie Gott ist. Der jüngere Sohn hat wirklich Böses getan. Er hat sein Erbe verlangt, ehe der Vater überhaupt gestorben war. Danach hat er alles durchgebracht mit Sauf- und

Eßgelagen und mit Dirnen. Schließlich landet er bei den Schweinen. Wenn einer Strafe verdient hat, dann doch wohl er.

Aber was passiert? Als der Sohn total am Ende ist, besinnt er sich und beschließt, zum Vater zurückzukehren. Sowie der Vater ihn erblickt, rennt er seinem Sohn entgegen und nimmt ihn in die Arme, stinkend und dreckig wie sein Sohn mit Sicherheit war. Er nimmt ihn in die Arme, ehe der Sohn überhaupt ein Wort der Entschuldigung hervorbringen kann. Wenn ich der Vater gewesen wäre, hätte ich zumindest gesagt: Nun geh mal zuerst und wasch dich und wenn du dich dann ordentlich entschuldigt hast, darfst du dich mit an den Tisch setzen. Der Gott der Bibel aber erweist sich als einer, der weit über unsere Vorstellung von „die Guten werden belohnt und die Bösen bestraft" hinausgeht. Er erweist sich als ein Gott, der Gnade vor Recht ergehen läßt. Ein Gott, der Erbarmen mit den Menschen hat und dessen Liebe größer ist als die Schuld der Menschen.

Überzeugend können wir als Erwachsene diese „gute Botschaft" jungen Leuten nur bringen, wenn wir selbst in dieser Liebesbeziehung zum Vater leben, sie unser Leben prägt und wir uns Zeiten der Stille nehmen, wo diese Beziehung zu Gott gepflegt wird, wo sie Nahrung bekommt.

Die Zusage von Gott, daß er uns Menschen liebt, können wir an vielen Stellen der Bibel nachlesen. Die Frage ist lediglich, ob diese Zusagen nur in unserem Kopf bleiben oder ob sie auch vom Kopf ins Herz gelangen und unser Lebensgefühl prägen. Fühlen wir uns als geliebte Menschen? Als von Gott geliebte Menschen? Diese Zusagen Gottes können nur dann unser Leben prägen, wenn wir ihnen Raum geben, wenn wir uns Zeit nehmen, über diese Zusagen immer und immer wieder nachzudenken, wenn wir sie gewissermaßen „wiederkäuen" bis sie „einen Sitz im Leben" haben. Ich vergleiche das gern mit einem jungen Liebespaar: Stundenlang können sie auf einer Parkbank sitzen, ohne ein Wort zu reden – aber ihre Liebe wächst in diesem Schweigen. Genauso kann die Liebe zwischen Gott und uns wachsen, wenn wir schweigend vor ihm stehen und uns seiner Liebe versichern.

Doch sollen wir nicht nur Gottes Liebe empfangen, das wäre zu einseitig. Zu einer Liebesbeziehung gehört, daß einer, der einem anderen seine Liebe erklärt, auch eine Antwort bekommt. So gehört zu dieser Liebesbeziehung zu Gott, daß wir seine Liebe erwidern und ihm sagen, daß wir ihn auch lieben. Auch das wird die Liebe zwischen Gott und uns wachsen lassen.

Damit soll natürlich nicht gesagt werden, daß mit diesem Wandel des Gottesbildes – mit dem Wichtigwerden der Liebesbeziehung zu Gott – alle „Gesetze“ aufgehoben werden und nur noch Anarchie herrscht. Wenn wir über Glaubensphasen nachdenken, so heißt das, in jeder Phase wird eine Sicht von Gott besonders wichtig. Das heißt aber nicht, daß alles vorherige über Bord geworfen wird. Man könnte es eher so ausdrücken: Frühere Erfahrungen sind mein „Erfahrungsschatz“ im Glauben. Mit jeder neuen Glaubensphase wird dieser „Erfahrungsschatz“ erweitert, eine neue Sicht von Gott gewinnt an Gewicht, erfährt eine besondere Betonung. Dadurch wird mein Gottesbild erweitert und vergrößert, mein Glaube bekommt eine größere und weitere Dimension.

Dies bedeutet, daß in der neugewonnenen Liebesbeziehung zu Gott, in dieser neugewonnenen Freiheit des Glaubens, Gesetze durchaus eingehalten werden, aber nicht mehr aus Angst vor Strafe, sondern aus Liebe zu Gott und den Menschen. Dann ist es auch nicht mehr so schrecklich, ein Gesetz zu übertreten, denn nun gibt es die Möglichkeit der Umkehr, Vergebung, Versöhnung und die Chance eines Neuanfangs. Vielleicht könnte man die neue Haltung zuspitzen in dem Satz, den der Kirchenvater Augustin einmal gesagt hat: „Liebe – und tu, was du willst.“

## Jugendliche wollen Gott „erfahren“

Jugendliche wollen Gott „erfahren“. Dogmatische Wahrheiten interessieren sie weniger. Sie wollen etwas mit Gott erleben. Sie wollen, daß Gott ihnen hilft, ihr Leben zu bewältigen. Sie wollen, daß ihre Gefühle, die ja in der Pubertät eine große Rolle spielen, mit einbezogen sind. Viele Jugendliche, auch solche, die sich nicht zur Kirche zählen, sind trotzdem religiös. Mit diesen Vorgaben ist es verständlich, daß sich die meisten Jugendlichen in den normalen kirchlichen Gottesdiensten nicht besonders wohl fühlen. Es geht ihnen zu steril zu. Die Lieder gefallen ihnen nicht und die Predigten sind ihnen oft zu langweilig. Sie fühlen sich zu wenig einbezogen.

Dabei ist erstaunlich, daß an anderen Stellen durchaus viele Jugendliche zusammenkommen. Denken wir an besondere Orte wie zum Beispiel Taizé oder an die Kirchentage, an christliche Rockkonzerte oder spezielle Jugend- oder Lobpreisgottesdienste. Bei all diesen genannten Beispielen spielt neben dem, daß dort das Gefühl mit angesprochen wird, daß man etwas erleben kann, das Gemeinschaftserlebnis eine große Rolle. Mit Gleichgesinnten zusammensein – daraus ziehen Jugendliche Bestätigung. Daß da viele sind, die das gleiche glauben, das stärkt ihren eigenen Glauben – auch ihre Glaubensidentität. Und wer einmal miterlebt hat, wie eine „Welle" (erzeugt durch Aufstehen und Hinsetzen in einem bestimmten Rhythmus) bei einem Kirchentag durchs Stadion geht oder wenn die Wunderkerzen bei einem Rockkonzert angezündet werden, der merkt auch als Erwachsener, daß solche Erlebnisse ihn nicht ganz unberührt lassen.

Begeisterungsfähig, von Gefühlen geleitet und innerlich noch sehr unsicher, ist eine Seite der jugendlichen Identität. Eben diese Eigenschaften machen sie aber auch sehr leicht verführbar. Hier liegt eine große Gefahr, und Erwachsene haben hier eine große Verantwortung. Zudem ist das Gottesbild der meisten Jugendlichen, ihr Glauben – auch wenn er eine Befreiung und Erweiterung erfahren hat – noch nicht „reif". Jugendliche nehmen sich von Gott oft das, was ihnen paßt. Der Gott, der Freiheit schenkt; Gott der Helfer in ihren Nöten; Jesus der Freund, dem man alles sagen kann; der immer für einen da ist; der immer noch Hoffnung für einen hat – das nehmen sie gern an. Andere Eigenschaften Gottes, die ihnen nicht ins Konzept passen, werden einfach ausgeblendet.

Doch wiederum muß man festhalten – das alles gibt es nicht nur bei Jugendlichen. Auch bei Erwachsenen findet man, daß jemand sich seinen „privaten" Glauben zusammenbastelt. Meistens sieht das so aus, daß Gott vor allem dafür da ist, daß man sich wohlfühlt. Tut er etwas, was das Wohlbefinden stört oder erfüllt er nicht alle Wünsche, die man an ihn gerichtet hat, werden Gott Vorwürfe gemacht oder der eigene Glaube wird angezweifelt. Auch dieses Gottesbild ist noch unreif. Es gleicht dem Bild vom „lieben Gott", der so oft zitiert wird. Ein gutmütiger alter Opa, der niemand etwas zuleide tun kann. Der Gott aber, der in der Bibel beschrieben wird, ist ganz anders. Um zur Reife im Glauben zu kommen, ist es notwendig, noch viel mehr von diesem Gott kennenzulernen – oft durch Erfahrungen des Leides hindurch.

Auch die Sehnsucht nach Gemeinschaft, die Sehnsucht, mit Gleichgesinnten zusammenzusein, gibt es nicht nur bei Jugendlichen. Fast jeder, der sich zum christlichen Glauben bekennt, gehört irgendeiner Form von christlicher Gemeinschaft an. Das ist gut so, denn ohne Gemeinschaft ist es sehr schwer, seinen Glauben zu leben und im Glauben zu überleben. Eine Mutter mit einem fünfzehnjährigen Sohn erzählte mir kürzlich, daß sie eine Weile Angst gehabt habe, ihr Sohn würde sich vom Glauben abwenden. Aber dann habe er eine christliche Jugendgruppe gefunden und dort Freunde kennengelernt, mit denen er sich gut versteht und nun sei er begeistert dabei. Für Erwachsene ist Gemeinschaft vielleicht nicht ganz so „überlebensnotwendig" wie für Jugendliche, aber doch sehr wichtig. „Ich konstatiere kein Christentum ohne Gemeinschaft" hat Zinzendorf, der Begründer der Herrnhuter Brüdergemeine, gesagt.

Das Typische für diese Phase des Glaubens ist, daß der Frömmigkeitsstil, die Ausprägung des Glaubens, wie er in der Gemeinschaft, zu der man gehört, gelebt wird, mehr oder weniger kritiklos übernommen wird. Im großen und ganzen wird er nicht hinterfragt. „So wie wir in unserer Gemeinschaft den Glauben leben, so ist es richtig und gut" – könnte man vielleicht formulieren.

Mit einer Gruppe Gleichaltriger identisch sein – ist ein wesentliches Merkmal für die Identitätsfindung Jugendlicher. „Glauben, was die Gruppe glaubt" – wäre dazu die Parallele im Bereich des Glaubens.

Eine weitere Parallele ist die Suche Jugendlicher nach

Vorbildern, an denen sie sich orientieren können. In jeder Gemeinschaft gibt es Leiter und andere Autoritäten. Zu dieser Phase des Glaubens gehört, daß diese Autoritäten in der Regel akzeptiert werden. Was sie sagen, wird übernommen. Im Gegensatz zu den Eltern sind es ja Autoritäten, die sich Jugendliche selbst als Vorbilder gewählt haben, deshalb können sie auch Vorbild- und Leitfunktion übernehmen.

So könnte man sagen: Sich mit seinem eigenen Glauben identifizieren, mit dem, wie der Glaube in der eigenen Gemeinschaft gelebt wird und sich ausrichten an dem, was von den Leitern dieser Gemeinschaft gelehrt wird –, sind zwei wesentliche Merkmale dieser Glaubensphase.

Alles, was über die Glaubensphase des Jugendalters gesagt wurde, findet man auch bei vielen Erwachsenen. Gott wurde kennengelernt als ein Gott, der vergibt, der wie ein liebender Vater ist, dem man vertrauen kann. In einer Gruppe wurde Geborgenheit und Hilfe auf dem Weg des Glaubens erfahren. Dazu kommt in der Regel noch – wovon im nächsten Kapitel mehr berichtet wird – der Dienst und Einsatz für andere Menschen. Damit hat man das Wesentliche des Glaubens begriffen und kann so seinen Glauben gut leben.

Doch manche Menschen werden mit der Zeit von einer gewissen Unruhe erfaßt. Sie fragen: „Ist das alles? Gibt es keine weiteren Entwicklungen im Glauben?“ Für solche Menschen soll gesagt werden: Es gibt sie. Davon wird in den nächsten Kapiteln die Rede sein.

# 4. Leben heißt wählen

Die Pubertät ist stark geprägt vom Suchen, Erproben und Ausprobieren – in Beziehung zu sich selbst und zu anderen, besonders zum anderen Geschlecht. Im jungen Erwachsenenalter müssen Entscheidungen gefällt werden. Es ist die Zeit, wo die Weichen für den weiteren Lebensweg gestellt werden, eine Wahl muß getroffen werden. Wählen und Entscheiden kann man aber nicht nur mit dem Gefühl, sondern Nachdenken und nüchternes Überlegen gehören wesentlich dazu.

Die Pubertät ist geprägt von einer starken Gefühlsbezogenheit. Im Alter der jungen Erwachsenen muß das Denken wieder eine stärkere Rolle spielen. Der junge Mensch soll mehr und mehr fähig werden, zu einem guten Zusammenspiel zwischen Denken und Fühlen, Wollen und Handeln zu kommen. Natürlich war das Denken in der Pubertät nicht ausgeschaltet, es gibt in jedem Alter Denken, Fühlen, Wollen und Handeln, und je nach persönlicher Veranlagung wird das eine oder andere stärker zum Zuge kommen. Jedoch kann man sagen, daß intellektuelle Auseinandersetzungen, das Nachdenken über Gott und die Welt das junge Erwachsenenalter stärker prägen als das Jugendalter. Das junge Erwachsenenalter kann man etwa ansiedeln von 17/18 Jahren bis Ende zwanzig.

## Weichen werden gestellt

Die Entscheidungen, die im jungen Erwachsenenalter getroffen werden müssen, haben eine große Tragweite für den weiteren Lebensweg. Es wird über den Beruf entschieden (sofern nicht schon geschehen), über Partnerschaft, über den Lebensstil. Letzteres geschieht meistens unbewußt. Aber es ist doch ein Unterschied, ob ein junges Paar – wie auf dem Land oft üblich – zuerst ein Haus baut, es vollständig einrichtet und dann erst heiratet oder ob jemand in eine Mietwohnung zieht und sagt,

Apfelsinenkisten tun's fürs erste auch. Das erste Paar wird höchstwahrscheinlich ein Leben lang am gleichen Ort in ihrem Haus wohnen bleiben (sofern nicht zwingende andere Umstände eintreten), das zweite Paar wird wahrscheinlich noch ein paarmal umziehen und weniger Wert auf materielle Besitztümer legen.

Es geht um äußere und um innere Entscheidungen, es geht um Lebensentwürfe und Zukunftsträume. Das eigene Leben beginnt Gestalt anzunehmen, und auch die Frage nach der eigenen Identität fordert eine eindeutigere Antwort. Zur Identität gehört auch die Frage nach dem eigenen Glauben. Ist jemand im christlichen Glauben erzogen worden und bisher einfach in der vorgegebenen Spur weitergelaufen, so ist spätestens jetzt der Zeitpunkt gekommen, zu einer persönlichen, eigenständigen Überzeugung zu gelangen.

Allerdings gibt es gerade im jungen Erwachsenenalter große Unterschiede in der Lebenssituation. Geht jemand mit 15 Jahren von der Schule ab und lernt einen Beruf, so kann es sein, daß er mit Anfang zwanzig bereits eine verantwortliche Stellung in einem Betrieb hat. Unter Umständen leitet er schon Jüngere an und hat vielleicht eine Familie gegründet, für die er sorgen muß. Ein Abiturient mit Anfang zwanzig hat vielleicht gerade den Wehr- oder Ersatzdienst hinter sich und überlegt nun erst einmal, was er überhaupt studieren soll. Auf Jahre hinaus wird er noch finanziell abhängig sein und von auf „eigenen Füßen stehen" kann noch lange nicht die Rede sein.

Doch gleichgültig wann, eine Wahl muß in den genannten Bereichen auf jeden Fall getroffen werden. Diese Wahl fällt vielen schwer, denn wählen heißt: von den vielen Möglichkeiten, die es gibt, sich auf eine festzulegen und damit andere auszuschließen. Wählen, sich entscheiden heißt immer ein „Ja" und ein „Nein" zu sagen.

Das „Ja"-Sagen fiele leichter, wenn das „Nein" nicht wäre. Wenn man sich jetzt entscheidet, könnte man ja die besseren Möglichkeiten, die vielleicht noch kommen, verpassen. Oder man kann eine falsche Entscheidung treffen. Niemand kann im Vorfeld wissen, auf was er sich einläßt. Wird man mit diesem Lebenspartner zurechtkommen? Wird der gewählte Beruf auf Dauer zusagen? Solche und ähnliche Fragen machen unter Umständen die Wahl zur Qual.

Aber auch, wenn sich jemand davor drückt, selbst zu entscheiden, wird entschieden. Mögliche Lebenspartner werden von anderen weggeheiratet, die Auswahlmöglichkeiten verringern sich dadurch. Oder wenn jemand befreundet ist und sich lange nicht zu einer endgültigen Bindung entschließen kann, wird vielleicht der andere entscheiden und von sich aus die Freundschaft beenden.

Auch in der Berufsfrage entsteht Druck, denn irgendwann muß ein junger Mensch sich entscheiden, wie er seinen Lebensunterhalt verdienen will. Wer nur einmal hier und einmal da jobbt, wird an keiner Stelle eine wirklich verantwortliche Aufgabe bekommen und nur das wird ja letztlich befriedigen. Entfaltung des Lebens geschieht paradoxerweise durch Verzicht. Wo ich auf die vielen Wege verzichte und mich auf einen festlege und einlasse, da kann ich mich entfalten. Das gilt für den Beruf, das gilt für die Partnerschaft, das gilt aber auch für viele andere Bereiche des Lebens.

Wenn der Beruf gewählt ist, eine Familie gegründet wurde, entscheidet sich für viele ganz automatisch auch die Frage des Lebensstils. Man richtet sich ein, man baut vielleicht ein Haus, man versucht im Beruf Erfolg und ein gutes Auskommen zu haben. Weitere Gedanken, wie das Leben aussehen soll, wie es gestaltet werden kann, macht man sich oft keine – leider auch viele Christen nicht. Gegen Familie gründen, Haus bauen, im Beruf Erfolg haben ist ja auch nichts einzuwenden. Nur, wenn das alles ist, wäre mir das zu wenig. Die äußeren Entscheidungen sind getroffen worden, aber nicht die „inneren“. Doch erst die inneren Lebensentscheidungen führen dazu, daß man später einmal sein Leben als sinnvoll und erfüllt ansehen kann.

## Lebensentwürfe – Die Suche nach der eigenen Identität geht weiter

Paul Tournier schreibt in: „Die Jahreszeiten unseres Lebens" (GTB Siebenstern 1983), daß jeder Mensch in sich die Vorstellung trage, daß es einen „göttlichen Plan" für sein Leben gebe. Auch Menschen, die nicht an Gott glauben, haben diese Vorstellung, sie werden sie vielleicht nur anders nennen. Es ist so etwas wie ein Ruf Gottes. Aber dieser Ruf ist leise und viele überhören ihn im Lärm des Alltags. Aber nur, wenn jemand diesem „Ruf" folgt und ihn mehr und mehr erkennt, wird er sein Leben als erfüllt ansehen.

Aber auch ohne Gott ist es gut, nach dem Sinn, nach den besonderen Möglichkeiten des eigenen Lebens zu fragen: Was will ich mit meinem Leben? Welche Ziele habe ich? Was erträume ich mir vom Leben? Soll Beruf, Karriere und eine Familie gründen alles sein? Wo will ich mich für diese Welt engagieren? Welches sind meine besonderen Gaben und Fähigkeiten? Was kann ich dieser Welt geben? Wer kann ich für andere Menschen sein? Gibt es Raum für die schönen Dinge des Lebens? Wie müßte mein Leben aussehen, damit ich mich daran freuen kann? Dies alles sind zutiefst Fragen danach, welchen Sinn mein Leben haben soll.

Es sind natürlich auch Fragen, die mit der Suche nach der eigenen Identität zusammenhängen. Der Jugendliche fragt: Was denken die anderen aus meiner Clique über mich? Der junge Erwachsene möchte jetzt seine ureigenste Identität finden, die mit einer bestimmten Gruppe nicht identisch sein muß. Er möchte zwar auch zu einer Gruppe gehören und akzeptiert werden, sich aber durchaus unterscheiden und er selbst sein. Deshalb gilt es, ein Maß zu finden zwischen Abgrenzung und Anpassung. Grenzt sich eine Person zu stark ab und unterscheidet sich zu deutlich von den anderen, wird ihn die Gruppe nicht akzeptieren. Paßt sich jemand zu stark an, um auf jeden Fall dazu zugehören, verliert er ein Stück seiner Identität. Es ist ein Balanceakt, der sich in allen zwischenmenschlichen Beziehungen, auch in der Partnerschaft, immer wieder abspielt und mit dem man wohl sein ganzes Leben lang zu kämpfen hat.

## Ein Mentor kann helfen, den Weg zu finden

Bei all diesen verwirrenden, aber wichtigen Fragen wäre es gut, eine Begleitung zu haben, einen väterlichen Freund oder eine mütterliche Freundin, einen Seelsorger oder eben einen „Mentor" – zu deutsch „Denker" –, also jemand der mitdenkt.

In der Regel sind solche Mentoren-Beziehungen im jungen Erwachsenenalter sowieso gegeben. Da gibt es die Beziehung zwischen Meister und Lehrling, Lehrer und Schüler, Professor und Student, zwischen Vorgesetztem und Berufsanfänger. Ich denke, es ist ein Glücksfall, wenn sich diese Beziehungen mit dem decken, was ich unter „Mentor" verstehe. Meistens wird das nicht der Fall sein. Und das hieße dann, sich auf den Weg machen und einen Mentor suchen.

Ein junger Erwachsener sollte sich nicht jemand suchen, der ihm genau sagt, wo es lang geht oder was er tun soll (aus einer solchen Bevormundung hat sich ein junger Erwachsener ja gerade herausgelöst). Ein Mentor soll vielmehr helfen, das eigene Leben zu verstehen. Mit ihm können Situationen, in denen sich der junge Erwachsene befindet, durchgesprochen werden. Er stellt Fragen und zeigt Konsequenzen auf. Er sollte nicht gleich alles besser wissen, sondern zuhören können. Er sollte den jungen Erwachsenen ernst nehmen und ihm Zeit lassen, seinen eigenen Weg zu finden. Doch von dem Schatz seiner Lebenserfahrung sollte der junge Erwachsene schon profitieren. Am meisten würde sicherlich überzeugen, wenn der Mentor selbst ein überzeugendes Leben führt und wenn das, was er sagt, übereinstimmt mit dem, was er lebt.

Unsere heutige Gesellschaft wird ja oft als die „vaterlose" Gesellschaft bezeichnet. Viele Väter waren nicht wirklich anwesend und haben ihre Erziehungsaufgaben ernst genommen, sie haben ihren Kindern nicht „das Leben gelehrt". Umso wichtiger ist es, daß Jugendliche und junge Erwachsene solche „Ersatzväter" und „Ersatzmütter" finden, die ihnen zur persönlichen Reife helfen können.

## Kennzeichen der Reife: Lieben und arbeiten können

Sigmund Freud wurde einmal gefragt, was ein normaler Mensch gut können müsse (anders ausgedrückt: was einen reifen Menschen kennzeichne). Seine Antwort war verblüffend kurz und einfach: „Lieben und arbeiten." Wer einmal darüber nachdenkt, wird feststellen, daß in dieser Antwort viel Wahrheit steckt. Für beides, fürs Lieben und fürs Arbeiten, werden im jungen Erwachsenenalter die Weichen gestellt.

Um lieben zu können, muß ein junger Mensch gesprächsfähig werden, denn alle Beziehungen leben vom Gespräch. Wer nicht spätestens im jungen Erwachsenenalter Gesprächsfähigkeit gelernt hat, durch Freundschaften, durch Gespräche über Gott und die Welt mit Gleichaltrigen, vielleicht durch Gespräche über sich selbst mit einem Mentor, dessen Chancen schwinden, sie noch im ausreichenden Maße zu erwerben. Allerdings – zu spät ist es nie. Manchmal treten Umstände auf, vielleicht gerade in der Beziehung zum Ehepartner, daß man lernen muß, miteinander zu reden.

Um lieben zu können, muß jemand auch lernen, von sich abzusehen, nicht nur nach sich zu fragen, sondern ebenso die Bedürfnisse der anderen in den Blick zu bekommen. Er sollte anderen Zuwendung und Wertschätzung geben können, kooperativ, teamfähig und konfliktfähig sein, Phantasie in der Liebe entwickeln.

Zum Arbeiten gehört neben bestimmten Begabungen Durchhaltevermögen, Zuverlässigkeit, Verantwortungsbewußtsein, die Fähigkeit, sich ein- und unterordnen zu können und vieles mehr. All das sind Lernfelder für das junge Erwachsenenalter. Allerdings ist das Lernen auf diesen Gebieten wohl kaum mit diesem Alter beendet. Doch sind es Schritte, die gegangen werden müssen, wenn jemand zur Reife gelangen will.

In der Gemeinschaft, in der ich lebe, haben wir es uns zur Aufgabe gemacht, jungen Erwachsenen zu helfen, wenigstens einige dieser Reifungsschritte zu tun. Dieses Lernen geschieht ja nicht im luftleeren Raum, sondern in den ganz normalen Abläufen des Alltags. Deshalb sind bei uns zum Beispiel ganz bewußt die jungen Leute zu zweit in einem Zimmer untergebracht. Soll nachts das Fester auf sein oder zu bleiben? Schon an dieser ganz banalen Frage müssen die jungen Leute lernen, Konflikte anzusprechen, Lösungen zu suchen, die die Bedürfnisse beider berücksichtigen. Viele der oben genannten Reifungsschritte vollziehen sich im Zusammenleben und in der praktischen Arbeit. Wichtig ist uns in unserer Gemeinschaft, immer wieder das eigene Verhalten zu reflektieren und aufkommende Probleme und Schwierigkeiten anzusprechen.

## Mit Gott in der Welt aktiv sein

Der junge Erwachsene muß sein Leben selbst in die Hand nehmen, muß Entscheidungen treffen und beginnen, sein Lebenshaus zu bauen. Für den Bereich des Glaubens heißt das, ein Stück abzurücken von der stark vom Gefühl geprägten Innerlichkeit. Er muß lernen, seinem Glauben in der Tat Ausdruck zu geben. Im letzten Kapitel habe ich beschrieben, wie der Glaube Befreiung erfährt, wenn jemand Gott als den liebenden Vater erkennt, und die Liebe zwischen Gott und Mensch ein wichtiger Aspekt des Glaubens wird. Diese Liebe soll nun Ausdruck finden und weitergehen in der Liebe zu anderen Menschen. Gott ist eben nicht nur der „liebe Gott", der nur gutmütig ist und nichts fordert. Gott verlangt auch etwas von uns. Er möchte uns zu seinen Mitarbeitern in dieser Welt machen.

Dieser Aspekt des Glaubens ist wohl bei Kindern und Jugendlichen auch schon vorhanden, bekommt aber im jungen Erwachsenenalter eine stärkere Betonung. Es sind oft junge Erwachsene, die sich in der Jugendarbeit engagieren, in der Arbeit mit Randgruppen, für die Erhaltung der Umwelt und vieles mehr.

Oft wird heute aber beklagt, daß junge Leute (nicht nur im christlichen Bereich) nicht mehr bereit seien, sich zu engagieren. Es gibt aber auch andere Erfahrungen. Ich erinnere mich an einen Aufruf vor ein paar Jahren. Wir wurden gebeten, Lebensmittelpakete nach Rußland zu schicken, weil die Menschen dort wirklich Hunger litten. Die Initiatoren waren ausgesprochen überrascht, mit welchem Eifer sich gerade junge Leute an die Arbeit machten und zum Schluß viel mehr zusammenkam, als erwartet worden war.

Oder ich erinnere mich an ein Gespräch mit einer guten Bekannten. Sie erzählte mir von ihrem Sohn (21 Jahre alt), der ständig nur herumhänge und ihr immer wieder erklärte, er gehöre zur „Null-Bock-Generation“. Dann wurde in ihrer Gemeinde dazu aufgerufen, einen Hilfstransport ins ehemalige Jugoslawien zu schicken. Der Sohn wurde gefragt, ob er bereit sei mitzufahren. Ohne eine Sekunde zu überlegen, sagte er: „Ja.“

Natürlich sehe ich auch die andere Seite, daß junge Leute eben nicht bereit sind, sich einzusetzen oder irgend etwas zu tun. Sie fragen nur: „Was bringt's mir?“ Oder: „Wo gibt es etwas, was ich mir reinziehn kann, damit ich glücklich bin?“

Was sind die Ursachen für solches Verhalten? Sie sind sicher vielschichtig, nur eines ist sicher: Wir als Erwachsene haben unseren Anteil an dieser Situation. Wir müssen uns fragen: Haben wir unsere Kinder zu stark verwöhnt? Waren wir ständig präsent, so daß sie wenig Eigeninitiative entwickeln konnten? Sind wir zu stark auf alle ihre Wünsche und Bedürfnisse eingegangen? Haben wir zu wenig von ihnen gefordert, zum Beispiel sich an den Aufgaben in der Familie zu beteiligen? Wo haben sie gelernt, daß die „Welt“ so beschaffen ist, daß einem alle Wünsche erfüllt werden, aber man nichts dafür tun muß?

Wenn die „Welt“ so beschaffen ist, so ist auch Gott so beschaffen. Er ist dafür da, mir alle meine Wünsche zu erfüllen und dafür zu sorgen, daß es mir gut geht. Daß dieser Gott auch einer ist, der will, daß ich mich in der Welt engagiere, kann nur schwer von einem Menschen verstanden werden, von dem nie Engagement verlangt wurde.

Ich gehe einmal davon aus, daß in jedem jungen Menschen eine Portion Abenteuerlust steckt und auch der Wunsch, auf irgendeine Weise in dieser Welt etwas anzupacken, zu verändern, zu verbessern, sich für irgendetwas einzusetzen, für das Gute zu kämpfen. Ich frage mich, ob nicht viele junge Leute diesen Wunsch auf eine „Ersatzwelt“ projizieren. Statt selbst Abenteuer zu erleben und für das Gute zu kämpfen, identifizieren sie sich mit den

„Helden“ in Film und Fernsehen. Diese Helden kämpfen dann stellvertretend für sie.

Vielleicht hat das Fernsehen auch noch einen anderen Einfluß. Die heute lebende junge Erwachsenengeneration ist die Generation, die als erste mehr oder weniger lückenlos mit dem Fernsehen aufgewachsen ist. Das heißt, daß diese jungen Leute von frühester Kindheit an jeden Tag die ganze Not der Welt im Fernsehen zu sehen bekamen und erleben mußten: ich sehe das zwar alles, aber ich kann nichts ändern. Daß jemand dann zu dem Schluß kommt, „man kann ja doch nichts machen“, ist gut nachzuvollziehen.

Was heißt das alles für uns als Erwachsene, die es irgendwo mit jungen Leuten zu tun haben? Ich denke, unsere Aufgabe als Erwachsene wäre es, jungen Leuten Ziele aufzuzeigen, für die sich ein Einsatz lohnt. Global gesehen stimmt es ja, daß ich an der Not dieser Welt nichts ändern kann. Aber was ich tun kann ist: *einem* ganz konkreten Menschen zu helfen.

Durch unsere Lebensgemeinschaft haben wir Kontakt zu einer Gemeinde in Manila auf den Philippinen. Wir unterstützen dort ein Projekt für Straßenkinder. Nun könnte man sagen, aufs Ganze gesehen ist das weniger als ein Tropfen auf den heißen Stein. Aber man kann es auch so sehen: Ich helfe einem Kind, daß es Wohnung und Essen hat und zur Schule gehen kann. Damit wird seine Gegenwart erträglicher und seine Zukunftsaussichten besser.

Diese Sicht der Dinge müssen wir Älteren den jungen Leuten vermitteln, um sie aus ihrer Resignation herauszuholen, um sie dafür zu begeistern, daß es in dieser Welt durchaus noch etwas für sie zu tun gibt. Daß junge Leute durchaus bereit sind, sich für sinnvolle Ziele einzusetzen, zeigen die oben genannten Beispiele.

## Wie erfahre ich den Willen Gottes für mein Leben?

„Wie erfahre ich den Willen Gottes?“ so lautet eine der häufigsten Fragen, die uns auf Tagungen von jungen Erwachsenen gestellt werden. Wenn wir sehen, welche Entscheidungen in diesem Alter anstehen, ist die Frage verständlich. Junge Leute, die als überzeugte Christen leben wollen, fragen nach der Führung Gottes. Manchmal steht dahinter jedoch der kindliche Wunsch, Gott möge einen Zettel vom Himmel schicken, auf dem steht, was sie tun sollen. Doch die Kindheit liegt nun einmal hinter ihnen, deswegen behandelt Gott sie auch nicht mehr wie kleine Kinder.

„Gott hat uns doch auch einen Verstand gegeben", sagte ein junger Mann zu mir, als wir über dieses Thema sprachen. „Ja", antwortete ich ihm, „mit unserem Verstand können wir das Für und Wider einer anliegenden Entscheidung bedenken. Wir können uns darüberhinaus mit anderen beraten. Du kannst dir des weiteren überlegen, welchen Weg Gott dich bisher geführt hat und kannst dir ausmalen, wie unter Umständen die logische Fortsetzung dieses Weges aussehen könnte. Vielleicht findest du da einen roten Faden. Wichtig ist auch, daß du deine Lebensumstände mit bedenkst. Wo sind Türen offen? Wo sind Türen verschlossen?" „Und wo bleibt Gott?" fragte er zurück. Ich sagte ihm: „In der Bibel steht an vielen Stellen, daß Gott durch seinen heiligen Geist in uns wohnt. Er ist so etwas wie ein innerer Führer, der uns auch in unseren Gedanken leitet. Darüberhinaus kannst du Gott bitten, daß er dir die Augen und die Ohren öffnet, damit du den Lichtschimmer am Horizont, der dir eine Richtung anzeigen will, siehst und die Stimme Gottes, die manchmal ganz leise im Alltäglichen redet, hörst."

Ich verschwieg diesem jungen Mann allerdings nicht, daß Gott manchmal auch durch Irrtümer hindurch führt. Vielleicht findet jemand seinen Weg nur über einen Umweg. Eines ist sicher: Gott behandelt uns nicht mehr wie kleine Kinder, wenn wir schon erwachsen sind. Er führt nicht ohne uns, sondern mit uns. Es ist, als ob er sagen würde: Ich habe dich über lange Zeit gelehrt. Du weißt, was mein grundsätzlicher Wille ist. Ich habe dir einen Verstand und Begabungen gegeben, und nun entscheide selbst.

## Nachdenken über Gott und die Welt

Am Anfang des Kapitels erwähnte ich bereits, daß zum jungen Erwachsenenalter das kritische Reflektieren gehört. Spätestens in diesem Alter ist (oder sollte sein) der Glaube nicht mehr nur Erfahrungssache, sondern auch eine Sache des Verstandes. Junge Leute – auch solche, die sich nicht unbedingt zur Kirche zählen – fragen nach dem „Woher" und „Wohin" des Lebens und nach tragfähigen Antworten auf die Frage nach Gott. Warum lebe ich überhaupt? Was kommt nach dem Tod? Warum läßt Gott dieses viele Leid in der Welt zu? Gerade an der letzten Frage entzünden sich oft starke Zweifel.

Junge Erwachsene müssen diese Zweifel ausdiskutieren und „ausdenken" dürfen, wenn ihr Glaube an Standfestigkeit gewinnen soll. Sie wollen und sollen zu einer eigenen Überzeugung kommen, da gehört das Zweifeln und In-Frage-Stellen dazu. Allerdings ist nicht sicher, ob die Gemeinschaft, die Kirche, die Gemeinde, zu der ein junger Erwachsener gehört, dieses kritische Hinterfragen und Zweifeln zulassen wird. Es wird mit davon abhängen, ob andere Mitglieder der Gemeinde selbst durch dieses Fragen hindurchgegangen sind oder ob sie sich eingerichtet haben in einer Form des Glaubens, die ich im letzten Kapitel beschrieben habe: „Glauben, was die Gruppe glaubt – ohne zu hinterfragen".

Im letzteren Fall könnte das kritische Hinterfragen bei der Gruppe Angst auslösen, sie könnte sich in ihrem Fundament gefährdet sehen. Stimmt das alles vielleicht doch nicht? Viele möchten da lieber nicht weiterdenken. Kritische Fragen werden dann abgewiesen, und der junge Erwachsene (oder auch ältere, denn vielfach fangen erst Erwachsene zwischen dreißig und vierzig mit diesem Hinterfragen an) bekommt den Stempel aufgedrückt, sich auf Abwegen zu befinden oder in der Gefahr zu stehen, vom rechten Weg abzukommen. Höchstwahrscheinlich wird ein so fragender Mensch dann seine Gemeinde verlassen, weil er sich nicht mehr mit ihr identifizieren kann. Im günstigsten Fall findet er eine andere Gemeinde, die ihm mehr entspricht. Es kann aber auch sein, daß er sich überhaupt vom Gemeindeleben abwendet – und vielleicht erst nach einer längeren Wüstenzeit wieder neu nach dem Glauben fragt.

Christen, die selbst durch eine Phase des Zweifels hindurchgegangen sind, werden dieses kritische Fragen besser verstehen und aushalten können. Sie wissen, daß es nötig ist, damit ein junger (oder eben auch älterer) Mensch einen eigenständigeren Glauben bekommt, der unabhängiger davon ist, was andere glauben. Das Fundament des Glaubens wird so stabiler. Solche Christen haben auch das Vertrauen, daß ein fragender Mensch nicht so schnell Gott aus seinem Leben ausschließt. Ich selbst habe in meinem Bekanntenkreis einige Menschen erlebt, die durch solch eine kritische Phase hindurchgegangen sind, doch für alle stand nicht zur Disposition, ob es einen Gott gibt, sondern eher die Frage, wie dieser Gott ist und wie man seinen Glauben leben kann.

So könnte man im Blick darauf, was jungen Erwachsenen hilft, in ihrem Glauben zu wachsen, das Gleiche sagen, was bereits beim Thema „Mentor" gesagt wurde: Überzeugend für sie sind Menschen, die selbst durch das Feuer des Zweifels und das Feuer des Leides gegangen sind. Die erfahren haben, was das Leben einem oftmals zumutet, und deren Glaube geprüft, bewährt und vertieft ist. Ihre Worte sind nicht leere Phrasen, sondern gedeckt durch Lebenserfahrung und sehr oft eben auch durch erfahrenes Leid. Wie jemand sein Leben meistert und mit Leiderfahrungen fertig wird und trotzdem nicht verzweifelt und verbittert, sondern mit Zuversicht und Vertrauen in Gott seinen Weg weitergeht, das wird junge Menschen bestärken, ihren eigenen Weg im Glauben zu gehen.

Meistens haben die oben geschilderten Menschen noch ein anderes Merkmal. Es sind in der Regel Menschen, die sich intensiv in irgendeiner Form für andere Menschen einsetzen, die ihre Verantwortung in der Welt wahrnehmen, die für eine Sache zu kämpfen bereit sind. Berühmte Beispiele dafür sind Martin Luther King oder Mutter Theresa von Kalkutta. Sie werden von vielen jungen Menschen genannt, wenn man fragt, welche Menschen für sie Vorbilder sind. Junge Erwachsene suchen solche Vorbilder, sei es in der Literatur, in Biografien, seien es bekannte noch lebende Menschen oder einfach Menschen in ihrer Umgebung, die einen überzeugenden Lebensstil haben. Junge Menschen brauchen diese Vorbilder für ihre eigenen Lebensentwürfe. *

* Vorbilder haben, sich von Vorbildern lösen !?!?

# 5. Generativität – Dasein für die nächste Generation

Im Erwachsenenalter (bei manchen auch schon früher) gibt es bei den meisten Menschen eine einschneidende Veränderung. Der bisherige Lebenslauf wurde aus der Sicht, daß jemand geboren wird und als Kind bei seinen Eltern aufwächst, beschrieben, also aus der Sicht, daß jeder von uns Sohn oder Tochter ist.

Irgendwann im Laufe des jungen Erwachsenen- oder Erwachsenenalters geschieht es nun, daß viele selbst Eltern werden. Ein Paar bekommt einen Sohn oder eine Tochter, und ein Mann ist auf einmal selbst Vater, und eine Frau ist Mutter. Das ist nicht nur theoretisch eine neue Phase. Viele junge Paare, die das erste Kind bekommen, bestätigen immer wieder, daß sie sich vorher nicht hätten vorstellen können, wie die Geburt ihres ersten Kindes ihr Leben verändert hat.

## Ein „Sorge-Tragender" für andere werden

Die Lebensaufgabe heißt jetzt, Verantwortung für die nächste Generation zu übernehmen. Das gilt nicht unbedingt nur für eigene, leibliche Kinder. Das können auch jüngere Mitarbeiter im Berufsleben sein, für die man verantwortlich ist oder Kinder in der Schule oder im Kindergarten. Die Verantwortung kann sich aber auch darin ausdrücken, im weitesten Sinn etwas für den Erhalt oder die Verbesserung der Welt zu tun – „produktiv" zu sein, um Leben zu erhalten und zu fördern. Im Grunde bedeutet dies, die Bereiche, in denen im jungen Erwachsenenalter Entscheidungen gefällt wurden (Familie, Beruf, Beziehungen, Engagement) nun mit Leben zu füllen, sie weiter zu entwickeln und sich darin zu bewähren.

Spätestens jetzt muß die Versorgungsmentalität aufgegeben werden, das Spekulieren, irgend jemand wird schon etwas für mich tun. Nun heißt es, selbst ein „Versorger", ein „Sorge-Tragender" für andere zu werden.

Dieses „Sorge-Tragen“ beschränkt sich nicht nur auf eine rein äußere oder materielle Versorgung. Es bedeutet nicht nur, um es am Beispiel der eigenen Kinder zu erläutern, daß ich meinen Kindern zu Essen gebe, sie kleide, sie zur Schule schicke, also um ihr äußeres Wohlergehen besorgt bin. Wirkliches „Sorge-Tragen“ meint mehr. Im Falle der eigenen Kinder würde es heißen, daß ich mir mein Kind genau ansehe, daß ich zu verstehen suche, was für ein Kind es ist. Was ist in ihm angelegt? Was soll in ihm zur Entfaltung kommen? Was kann aus ihm werden? Was hat sich Gott, der Schöpfer dieses Kindes, mit ihm gedacht? Ich werde über dieses Kind nachdenken. Ich werde versuchen, ihm einen Boden zu bereiten, auf dem es gut gedeihen und sich entwickeln kann. Ich werde versuchen, mit meiner ganzen Person für dieses Kind da zu sein. Das ist sehr viel mehr, als bloß für Essen, Kleidung und Ausbildung zu sorgen. Ein Kind, für das in dieser Weise gesorgt wird, in dem wird ein Lebensgefühl erwachsen: Es ist gut, daß es mich gibt. Es ist gut, daß ich da bin. Ein mit einem solchen „Kapital“ ausgestattetes Kind hat ein gutes Fundament fürs ganze Leben.

Im Berufsleben könnte das „Sorge-Tragen“ so aussehen, daß ich nicht nur einfach meine Pflicht tue und eine Arbeit mache, nur damit sie gemacht ist, und ich sie abhaken kann. Vielmehr würde dazu gehören, sich innerlich für die Arbeit zu engagieren, mitzudenken, zu schauen, was man besser machen könnte. Mitarbeiter, Untergebene, Vorgesetzte und Kunden wären dann nicht „Objekte“, mit denen ich es zu tun habe, sondern Menschen, deren Wohlergehen mir am Herzen liegt – unter Umständen auch einmal über den Arbeitsbereich hinaus. Jemand, der so handelt, wird seine Arbeit wesentlich befriedigender erleben, als wenn er nur „Dienst nach Vorschrift“ macht.

Allerdings stimmt es auch, daß ein Großteil der Arbeit heute so entfremdet ist, daß man sich nur schwer mit ihr identifizieren kann. In diesem Fall könnte man sagen: Die Arbeit ist zum Geldverdienen da, und ich will sie auch gut machen. Aber mein inneres Engagement bringe ich außerhalb des Berufes ein an einer Stelle, an der ich gezielter etwas tun kann, um Leben – im weitesten Sinne – zu erhalten, zu fördern und zu stärken.

Ich hoffe, daß deutlich geworden ist, daß Sorge tragen nicht nur meint, etwas zu „machen“, sondern sich mit seiner Person dem andern oder einer Aufgabe zur Verfügung zu stellen. Dieses Sich-Selbst-Geben in eine echte Beziehung hinein, als Mensch etwas für andere Menschen sein, das meint zutiefst „Sorge-Tragen“.

Wieweit ich fähig bin, in diesem Sinn Sorge zu tragen, hängt natürlich stark mit meiner eigenen Befindlichkeit zusammen. Bin ich genügend umsorgt? Wer sich selbst umsorgt fühlt, wird von sich aus eher Sorge für andere tragen wollen.

Das Gefühl, umsorgt zu sein, speist sich aus verschiedenen Quellen. Zum einen spielen die Lebensumstände eine Rolle. Gibt es da ein Gleichgewicht von Sorgen und Umsorgt-Werden, von Geben und Nehmen? Ist im alltäglichen Umfeld jemand da, der auch für mich sorgt? Das kann der Ehepartner sein, aber genauso gut können es Freunde sein, zu denen eine vertrauensvolle Beziehung besteht.

Ob jemand sich grundsätzlich in dieser Welt aufgehoben und umsorgt fühlt, hängt zum anderen damit zusammen, in welcher Umgebung er aufgewachsen ist, ob ihm damals ein Gefühl der Geborgenheit und des Umsorgtseins vermittelt wurde. Zum dritten spielt der Glaube auch hier mit hinein: Glaube ich, daß da ein Gott ist, der es gut mit mir meint und für mich sorgt? Oder habe ich eher das Gefühl, einem unberechenbaren Schicksal ausgeliefert zu sein?

Doch mit welcher inneren Haltung auch immer jemand diese Aufgabe des „Sorge-Tragens“ übernimmt, sie füllt auf jeden Fall im Erwachsenenalter einen großen Teil der verfügbaren Zeit aus. Die meisten Menschen finden darin Befriedigung, denn durch ihr „Sorge-Tragen“ erfüllt sich zu einem großen Teil ihr Lebenssinn. Auf der anderen Seite macht diese Aufgabe aber auch Mühe, weil dadurch zugleich ein großes Stück der eigenen Freiheit genommen wird. Man kann nur noch über einen kleinen Teil seiner Zeit frei verfügen. Für die einen ist es der Beruf, der sie stark in Anspruch nimmt, für die anderen ist es das Versorgen und Erziehen der Kinder, für manche ist es beides zusammen. Das kann leicht zur Überforderung führen.

In dieser Lebensphase ist es wichtig zu lernen, die Balance zu halten zwischen dem, was man für sich selbst braucht und dem, was man für die anderen sein soll. Man kann auf beiden Seiten vom Pferd fallen. Jemand kann sich zu stark nur um sich selbst drehen (und damit seine Lebensaufgabe verfehlen) oder vollständig aufgehen in der Sorge für die anderen (und damit sich selbst verfehlen). In beiden Fällen gerät das Leben aus der Balance, und es ist nötig, daß gegengesteuert wird. Dieses Gegensteuern wird immer wieder einmal nötig sein, denn genau die Balance zu halten, wird kaum gelingen. Es ist gut, sich selbst zu fragen, auf welcher Seite man eher gefährdet ist und auf welche Seite man von daher mehr Gewicht legen muß.

## Konkurrieren und kooperieren

In der Familie ist die Aufgabe, Sorge zu tragen für die nächste Generation, ziemlich klar definiert. Es wird wohl in den meisten Familien keinen Konflikt darüber geben, wer für die Kinder sorgen *darf* – höchstens darüber, wer dies tun muß.

Im Beruf sieht das hingegen anders aus. Beim Start ins Arbeitsleben ist ein Berufsanfänger froh, einen „Mentor" zu haben, einen, der ihm etwas beibringt und ihn in die Materie einführt. Mit der Zeit erwirbt er selbst viele Fähigkeiten und möchte gern selbst „ans Ruder". Der Vorgesetzte erscheint dann nicht mehr als der hilfreiche Mentor, sondern er ist eher ein Hindernis auf dem Weg zu mehr Eigenverantwortung und Selbständigkeit, auf dem Weg eigene neue Ideen und Vorstellungen zu verwirklichen. Viele Konflikte in Betrieben, dort wo Menschen zusammenarbeiten, entstehen an dieser Stelle. Die „Jungen" wollen selbst ans Ruder. Die „Alten" sind da nur im Weg.

Nun kann die Lösung natürlich nicht sein, die „Alten" abzusetzen, obwohl das manchmal versucht wird. Zum einen würde sich der gleiche Ablösungsprozeß in ein paar Jahren wiederholen, nur mit umgekehrten Rollen, zum anderen würde einer Firma viel an Erfahrung und „ Knowhow" verloren gehen, wenn die Älteren nicht mehr da wären. Die Lösung kann eigentlich nur sein, die

Aufgabenbereiche neu zu verteilen. Den Jüngeren mehr Verantwortung und Selbständigkeit zugestehen. Wo das nicht möglich ist, zieht der Jüngere vielleicht die Konsequenz und sucht sich einen neuen Platz, wo er mit mehr Verantwortung und Selbständigkeit arbeiten kann.

Aber da sind ja nicht nur die Älteren, die dem eigenen Fortkommen im Weg stehen. Es gibt auch noch die Gleichaltrigen, die mit „konkurrieren", das heißt im Wettkampf stehen um die besten Plätze. Nun kommt es darauf an, mit welchen Mitteln dieser Wettbewerb geführt wird. Im Beruf nach Erfolg zu streben, nach Aufstieg, nach mehr Verantwortung ist an sich nichts Schlechtes. Ich denke, wie jemand später einmal sein Leben beurteilt, wird mit von seinem beruflichen Erfolg abhängen. Das ist legitim.

Wird der Kampf um die besten Plätze aber mit unlauteren Mitteln geführt, indem man „über Leichen" geht, was gar nicht so selten vorkommt, dann leidet die Seele Schaden, dann verkommen Werte wie Solidarität, Fairneß, Ehrlichkeit und Mitmenschlichkeit. Das wird sich später einmal rächen. Es gilt in dieser Phase, „das rechte Maß zu finden zwischen den eigenen, berechtigten, schöpferischen Ideen, dem Durchsetzungswillen, den Eigenständigkeitswünschen und den gegebenen Realitäten, die sich aus dem Vorhandensein anderer auf der gleichen Lebensbühne ergeben", wie Tobias Brocher kurz und knapp, aber überaus treffend, formuliert (aus: Stufen des Lebens, Kreuz-Verlag 1977).

## Anstrengende Jahre

Für die, die im Berufsleben stehen und zugleich Familie haben, ist diese Phase eine Zeit größter Belastung. Gehen wir einmal von einer traditionellen Rollenverteilung aus, in welcher der Mann berufstätig und die Frau Hausfrau und Mutter ist, dann ergibt sich folgendes Bild:

Der Mann ist im Beruf voll gefordert. Wie oben beschrieben geht es in dieser Altersstufe darum, im durchaus guten Sinn

Karriere im Beruf zu machen. Das kostet vollen Einsatz und viel Kraft. Dann ist es verständlich, daß sich der Mann wünscht, wenn er nach Hause kommt, die Füße hochzulegen, auszuspannen und sich ein bißchen verwöhnen zu lassen.

Die Frau wiederum hat den ganzen Tag die Kinder um sich, wird von ihnen ständig gefordert, findet wenig Freiraum für sich selbst und ist mit vielen Aufgaben beschäftigt, die sie vielleicht als mehr oder weniger eintönig empfindet. Weil sie den ganzen Tag zuhause ist, hat sie wenig geistige Anregung und Austausch mit anderen Erwachsenen. Sie erwartet nun von ihrem Mann, wenn er nach Hause kommt, daß er ihr endlich die Kinder abnimmt, mit ihr spricht und ihr die Anregungen gibt, die sie den ganzen Tag vermißt hat.

Jeder erwartet vom anderen Verständnis und Fürsorge und jeder ist im Grunde damit überfordert. Aus gesellschaftlicher Sicht gibt es bis jetzt keine Lösung für dieses Problem. Es ist eine Streßzeit. Die Ehe ist in dieser Phase einer großen Belastungs- aber auch Bewährungsprobe ausgesetzt.

Nimmt man eine andere Rollenverteilung an, daß zum Beispiel auch die Frau berufstätig ist und der Mann einen Teil der Hausarbeit übernimmt, so hat eine Frau selbst mehr geistige Anregung und Außenkontakte und wird von daher vielleicht befriedigter sein. Der Streß insgesamt ist aber nicht geringer, es sei denn, es besteht für beide Partner die Möglichkeit einer Teilzeitarbeit. Doch das ist in unserer Gesellschaft bis jetzt kaum möglich.

Damit die Ehepartner mit dieser Situation zurechtkommen und die Ehe nicht scheitert, helfen nur konstruktive Gespräche, in denen versucht wird, gute Lösungen für die anstehenden Probleme zu finden. Dazu gehören ein paar ganz bestimmte Dinge:

– Die eigenen Erwartungen überprüfen. Meistens sind die Erwartungen, die einer an den anderen hat, zu hoch. Es ist die Bereitschaft gefragt, dies zu erkennen und seine eigenen Erwartungen ein Stück zurückzunehmen.

– Dazu gehört auch, bereit zu sein zum Verzicht. Wünsche, die vielleicht sogar gut und berechtigt sind, loszulassen, weil sie im Moment einfach nicht erfüllbar sind.

– Es gehört dazu die Bereitschaft zum Konflikt, die Dinge, die Schwierigkeiten machen, anzusprechen und konstruktive (keine faulen) Kompromisse zu suchen.

– Wie an der Arbeitsstelle braucht es auch in der Familie ein gewisses Maß an Planung, an Verständigung, an gegenseitiger Abstimmung und Aufgabenverteilung.

– Zu wissen, daß es unterschiedliche Lebensphasen gibt, kann hier eine Hilfe sein. Streß gehört zu dieser Phase dazu. Die meisten Ehepaare wünschen sich Kinder, und die meisten wollen auch erfolgreich im Beruf sein. Das kostet seinen Preis. Wer das bejaht, wird leichter auch ein Ja dazu finden, daß einige anstrengende Jahre zu diesen Wünschen dazu gehören. In ein paar Jahren, meistens wenn das jüngste Kind in den Kindergarten kommt, wird die Situation wieder ganz anders aussehen.

– Wir wünschen uns immer ein Leben ohne Schwierigkeiten. Doch erfülltes Leben, schreibt Paul Tournier, beginnt nicht erst dann, wenn alle Probleme gelöst sind, sondern erfülltes Leben besteht gerade in der mutigen Inangriffnahme der Probleme, im Aushalten, im Durchstehen, bisweilen auch in der Freude, die man empfindet, wenn man eine Schwierigkeit überwunden hat (Jahreszeiten des Lebens, Gütersloher Taschenbücher, 1983).

Entziehen sich Männer in dieser Phase den Aufgaben in der Familie, so werden sie ihrer Aufgabe, für die nächste Generation Sorge zu tragen, nur sehr einseitig gerecht. Auch ihr eigenes Leben führen sie damit sehr einseitig („sein Leben war Arbeit“) und das heißt immer auch verarmt. Zu einem erfüllten Leben gehört, Beziehungen zu leben und zu gestalten. Das ist in erster Linie die Beziehung zum Ehepartner, dann die zu den Kindern. Genau so wichtig sind aber auch Beziehungen zu guten Freunden. Dadurch wird das Leben reicher und wärmer.

## Grenzen zeichnen sich ab

Man merkt, daß sich in dieser Phase deutlicher Grenzen abzeichnen. Neben den schon geschilderten Belastungen ist es oft auch eine Zeit finanzieller Belastungen. Kinder kosten Geld. Je nach Verdienst sind die finanziellen Grenzen sehr eng gesteckt. Grenzen zeigen sich auch im Beruf, wo vielleicht manches nicht erreicht wird, was man sich wünscht. Frauen müssen manche Träume, die sie vom Leben gehabt haben, durch die Familiensituation begraben. Es ist die Frage, wie man mit diesen Grenzen umgeht. Grenzen können eine Herausforderung sein, Anstrengungen zu unternehmen, sie zu überwinden. Aber es gibt auch unüberwindliche Grenzen, an denen man sich nur wund reibt, wenn man sie nicht akzeptiert. Es gehört ein Stück Weisheit dazu, dies unterscheiden zu können. Die Frage nach den Grenzen gibt bereits einen Ausblick in die nächste Lebensphase – die Lebensmitte – wo sie sich noch stärker stellen wird.

## Seiner Berufung auf die Spur kommen

Wenn man fragt, welche Gestalt des Glaubens dieser Phase entspricht, so drängen sich nachgerade einige Assoziationen auf.

Da war die Rede vom Schöpferisch-Tätig-Sein. Gott der Schöpfer, der uns zu seinem Ebenbild geschaffen hat, hat dieses Schöpferische, diesen Wunsch etwas zu schaffen, in uns angelegt. Er macht uns damit zu Mitarbeitern an seiner Schöpfung, er stellt uns in die Verantwortung, er hat Aufgaben für uns in seiner Schöpfung.

Doch was sind meine Aufgaben? Was soll ich tun? Die Not ist groß in dieser Welt. Niemand kann alle Not dieser Welt lindern. Niemand kann all die Aufgaben, die in Angriff genommen werden müßten, übernehmen. Deshalb stellt sich für den einzelnen die Frage: Was ist meine Aufgabe? Wie entdecke ich den „göttlichen Plan" für mein Leben, der nun zur Erfüllung kommen soll? Oder mit einem größeren Wort, das aber nicht abschrecken soll, gefragt: Wie entdecke ich meine Berufung?

Ich vergleiche das Leben gern mit einem Garten. Wie es keine zwei genau gleiche Leben gibt, gibt es auch keine zwei genau gleiche Gärten auf der Welt. Und jeder Garten hat seine Grenzen (Zaun, Lage, Beschaffenheit) und Möglichkeiten (die zu bebauende Fläche) wie das Leben auch. Wenn jemand nach meiner Berufung fragt, ist es gut, zuerst einmal den eigenen Lebensgarten zu betrachten: Was sind denn meine Ressourcen? Welche Begabungen habe ich, welche Möglichkeiten von meinen Lebensumständen her? Aber auch: Welche Grenzen sind mir gesetzt? Welche persönlichen Eigenschaften,welche Erfahrungen bringe ich mit? Wo sind schon Dinge angefangen, was hat Gott schon vorbereitet? Das ist die eine Frage.

Die andere – für mich noch wichtigere – Frage ist: Welche Not dieser Welt macht mir besonders zu schaffen? Welche Menschen – oder welche Gruppe von Menschen – liegen mir besonders am Herzen? Ich erinnere mich an ein Gespräch mit einer jungen Frau, die mir erzählte, daß ihr Mann gerne wollte, daß sie sich zusammen mit ihm in der Jugendarbeit engagiere. „Aber die Frauen in meiner Nachbarschaft ...", fuhr sie dann geradezu leidenschaftlich fort und berichtete ausführlich über die Nöte und Sorgen von Frauen, die sie kannte. Es war klar, wer ihr am Herzen lag. Es waren die Frauen, die in einer ähnlichen Situation waren wie sie.

So, denke ich, gibt es bei jedem bestimmte Menschen, die ihm besonders am Herzen liegen, seien es Kinder, seien es sogenannte Randgruppen der Gesellschaft, seien es Menschen, die ohne Glauben leben. Es kann aber auch jemandem unsere Umwelt besonders am Herzen liegen. Da geht es indirekt ja auch um den Menschen, der durch Umweltschäden selbst Schaden erleidet. Auch ein Künstler, der sich in Bildern, Musik oder Texten ausdrückt, engagiert sich nicht direkt für Menschen, aber er tut etwas, was Menschen und menschliches Leben bereichert.

Wenn nun jemand sagt, er spüre nichts, was ihm da jetzt besonders am Herzen liege, der muß sich eine Grundfrage stellen: Will er sich überhaupt für andere einsetzen? Oder will er sein Leben nur für sich selbst leben? Ich entdecke mehr und mehr, daß es zwei verschiedene Sorten von Menschen gibt. Die einen möchte ich die „Nehmer- Typen" nennen, die anderen die „Geber-

Typen". „Nehmer-Typen" erwarten immer, daß andere etwas tun, damit ihr Leben erfüllt wird. Sie suchen die Erfüllung ihres Lebens im Nehmen oder anders ausgedrückt im Konsum. Aber das ist wie ein Faß ohne Boden, denn sie werden nie satt und sind von daher immer unzufrieden mit ihrem Leben. Es gibt bestimmte Lebensgesetze, die gelten, egal ob es uns gefällt oder nicht. Dazu gehört, daß ein Mensch die Erfüllung seines Lebens nur außerhalb von sich selbst findet. Er findet sie dadurch, daß er für andere in irgendeiner Weise etwas sein kann, für andere wertvoll ist, für andere etwas tut. Das hat nicht unbedingt immer etwas mit Aktivität zu tun. Auch eine Großmutter, die für ihren Enkel betet, bedeutet etwas für ihren Enkel.

Damit ist natürlich nicht gemeint, daß jemand immer nur geben, seine eigenen Bedürfnisse aufgeben und ständig verfügbar sein soll. Da wäre er bald verausgabt. Wir brauchen nicht die „Sofort-Erfüller" der Wünsche anderer zu sein, das ist mit „Geber-Sein" nicht gemeint. Selbst Gott erfüllt uns nicht immer sofort unsere Wünsche, wenn wir darum bitten. Manchmal müssen wir ziemlich lange warten, bis wir unsere Wünsche erfüllt bekommen, und manchmal werden sie gar nicht erfüllt. Wenn das bei Gott so ist, so denke ich, haben auch wir das Recht, selbst entscheiden zu können, wann und welche Wünsche von anderen wir erfüllen wollen oder nicht. Wir müssen nicht immer helfen und dürfen und sollen auch selbst nehmen, denn Nehmen gehört durchaus zum Leben dazu, aber eben Nehmen und Geben – und das sollte sich einigermaßen die Waage halten.

Das Gleichnis von den anvertrauten Pfunden ist mir für dieses Lebensprinzip ein gutes Beispiel. Gott gibt, und wir nehmen etwas von ihm in Empfang: Gaben, Begabungen, materielle Güter, Menschen, die uns zur Seite stehen. Aber er erwartet auch, daß wir das, was wir bekommen, nicht nur für uns gebrauchen, sondern damit „wuchern", es einsetzen zum Wohle anderer, letztlich zum Bau des Reiches Gottes.

Es wird nicht allen das gleiche gegeben, und es wird nicht von allen das gleiche verlangt. Erwartet wird, daß wir verantwortlich mit dem umgehen, was wir bekommen haben – oder in dem Bild vom Garten ausgedrückt –, daß wir unseren Lebensgarten bearbeiten und bebauen, damit Frucht entsteht. Das ist unsere Lebensaufgabe.

## Inseln schaffen

Damit unser Leben nicht aus dem Gleichgewicht von Geben und Nehmen kommt, damit wir uns nicht im Aktivismus verausgaben und den inneren Menschen vernachlässigen, damit wir nicht Schaden nehmen an der eigenen Seele, ist es wichtig, daß wir uns immer wieder Zeiten der Stille nehmen. Wir brauchen die Stille vor Gott, um so für unsere eigene Seele zu sorgen. Bei Gott können wir Atem holen, uns ausruhen, einfach vor ihm da sein. Wir können bei ihm die Lasten ablegen, die unser Leben beschweren, seien es Sorgen, seien es Dinge, die wir anderen Menschen schuldig geblieben sind, seien es Lasten, die andere Menschen uns auferlegen, sei es die Angst vor der Zukunft. Jesus selbst fordert uns auf: „Kommt her zu mir, alle, die ihr mühselig und beladen seid; ich will euch erquicken" (Matthäus 11,28).

Auch das, was man früher „Muße" nannte, Nichtstun, sich den schönen Dingen des Lebens zuwenden, einfach genießen, gehört für mich zur Sorge für die eigene Seele dazu. Das ist in dieser streßreichen Lebensphase sicher nicht immer einfach, aber vielleicht umso wichtiger. Wir müssen uns „Inseln" schaffen, wo unser innerer Mensch zu seinem Recht kommt, sonst verarmt unser Leben. Wenn wir dies ganz vernachlässigen, werden wir in der nächsten Lebensphase, aber spätestens im Alter die Zeche bezahlen müssen.

# 6. „Bin ich noch jung oder schon alt?"

Das Haus ist gebaut, die Kinder fast erwachsen, beruflich ist einiges erreicht. Was noch zu erreichen ist, ist absehbar. Was nun? War das alles? War das das Leben? Ist der Rest nur noch Routine?

Oder: Es hat nie gereicht, ein Haus zu bauen. Die Ehe ist mehr oder weniger gescheitert, die Kinder gehen ihre eigenen Wege, beruflich ist klar, daß ich nie mehr das erreichen werde, was ich mir in jungen Jahren einmal erträumt habe. Aus der Traum? Das Leben verpaßt? Was nun? Besteht der Rest meines Lebens nur noch darin, zu schauen, wie ich am besten über die Runden komme?

Zwei – zugegebenermaßen etwas schwarzweißgemalte – Beispiele für die Sicht, die jemand in der Lebensmitte für sein Leben haben könnte. Jedoch führen beide Blickrichtungen zu dem gleichen Ergebnis: Was nun?

Nach dem Stand der heute durchschnittlich erwarteten Lebensdauer hat jemand in der Lebensmitte, die ich ganz grob zwischen 40 und 50 Jahren ansiedeln würde, voraussichtlich noch 30 bis 40 Lebensjahre vor sich. Werden die nun mehr oder weniger gleichförmig verlaufen? Wird das Leben mehr oder weniger so weitergehen, wie man es sich jetzt eingerichtet hat? Hat das Leben noch etwas zu bieten? Gibt es noch Neues, neue Chancen? Das sind Fragen, die sich in der Lebensmitte stellen, wenn auch nicht unbedingt so dramatisch, wie oben geschildert.

## Bestandsaufnahme

Es ist gut, an dieser Stelle, die manche auch als einen der Wendepunkte des Lebens beschreiben, eine Bestandsaufnahme zu machen und sich einige Fragen zu stellen:

– Gehöre ich nun zu den „Alten“ oder gehöre ich noch zu den

„Jungen"? – ist die Frage, die sich am vordergründigsten stellt, vor allem, wenn man sich auf die „Fünfzig" zubewegt.

Alt fühlt man sich eigentlich noch nicht. Außerdem gibt es da noch die wirklich Alten, die, die zu einer Generation vor der eigenen gehören. Man ist noch nicht „am Ende" im doppelten Sinn des Wortes. Man ist noch nicht am Ende der Alterspyramide und man ist noch nicht am Ende seiner Möglichkeiten.

Aber jung ist man wiederum auch nicht mehr. Es gibt nicht mehr die Wahlmöglichkeiten, wie sie junge Menschen haben. Man steckt in der Regel in bestimmten Verantwortlichkeiten und Zwängen. Es gibt viele Dinge, die festgelegt sind (wie z.B. Beruf, Familie, finanzielle Verpflichtungen), aus denen man nicht ohne weiteres ausbrechen kann. Die Frage heißt eigentlich: Was ist noch möglich? Was ist nicht mehr möglich?

– Die zweite Frage, die zu dieser Standortbestimmung gehört, lautet: Wie bin ich an diese Stelle meines Lebens gekommen? Welche Weichen habe ich in früheren Jahren gestellt? Oder auch: Welche Umstände haben mich in eine bestimmte Richtung gedrängt? Habe ich erreicht, was ich eigentlich wollte?

Ich selbst habe für mich einmal einen Lebensrückblick gemacht, der für mich sehr interessant war. Ich habe mein Leben in Phasen von jeweils sieben Jahren eingeteilt. Jede Phase habe ich beschrieben auf ein bis zwei DIN A 4-Blättern (nicht mehr!). Dann habe ich jeder Phase eine Überschrift gegeben, die ausgedrückt hat, welches übergeordnete Thema diese Phase bestimmt hat. Zum Schluß habe ich selbst gestaunt, was mir dabei alles über mein Leben aufgegangen ist.

Solch ein Lebensrückblick kann außerordentlich hilfreich sein. Er gibt mir Aufschluß darüber, was mich in meinem Leben geprägt hat, wie bestimmte Ereignisse Bedeutung hatten für mein weiteres Leben und vieles mehr. In der Regel ergibt sich aus dem Rückblick auch eine Sicht für die Zukunft. Auf einmal wird deutlich, welches die Überschrift für die nächste Lebensphase sein könnte – als logische Fortsetzung des Gewesenen. Es ist wie ein roter Faden, der auf einmal sichtbar wird.

– Die dritte Frage, die sich zum wiederholten Mal im Leben stellt, heißt: „Wer bin ich?"

Ist es mir in der Pubertät noch erlaubt, mich einigen Selbsttäuschungen hinzugeben, so ist jetzt Ehrlichkeit vor mir selbst gefragt. Wer bin ich wirklich? Mich sehen mit meinen Stärken, aber auch die Augen nicht verschließen vor meinen Schwächen. Wenn ich mich weiter in größerem Maße Selbsttäuschungen über mich hingebe, so wird das Folgen haben. Es kann zu einer persönlichen Starrheit führen. Alles und jeden, der mich hinterfragt, wehre ich ab und setze mich selbst absolut. Um jeden Preis muß ich meine Fassade aufrecht erhalten. Meine Menschlichkeit bleibt dabei auf der Strecke.

Zu diesem Ehrlich-Werden vor sich selbst gehört auch die Frage, ob ich die Rolle, die ich spiele, ob ich die berufliche Stellung, die ich inne habe, mit meiner Person wirklich ausfülle, oder ob ich mir nicht einen zu großen Schuh angezogen habe. Wenn die Diskrepanz zwischen der Rolle, die ich nach außen spiele und dem, wie ich als Person wirklich bin, zu groß ist, werde ich sehr viel Energie aufwenden müssen, um die Fassade aufrechtzuerhalten; Energie, die mir für mein sonstiges Leben fehlt. Im schlimmsten Fall kann diese permante Überforderung zum Herzinfarkt oder einer sonstigen Krankheit führen.

Ich denke an einen Bekannten, der Abteilungsleiter in einem Industriebetrieb war und der von heute auf morgen durch einen Herzinfarkt aus dem Berufsleben herausgerissen wurde. Im nachhinein fielen im Bekanntenkreis Bemerkungen wie: Er war viel zu gutmütig für einen Abteilungsleiter. Chef spielen war nicht seine Sache. Seine Qualitäten lagen an ganz anderer Stelle. Er konnte sehr gut mit Leuten umgehen, konnte gut im Detail arbeiten, aber zielstrebig ein größeres Projekt durchzuziehen, das hat eigentlich nicht seiner Person entsprochen.

Dieses Beispiel zeigt, daß wir zu dieser Bestandsaufnahme unter Umständen die Hilfe anderer Menschen brauchen. Jeder Mensch hat seinen blinden Fleck. Das heißt, es gibt Eigenschaften an mir, die ich selbst gar nicht wahrnehme, die andere aber durchaus sehen. Diesem blinden Fleck kann ich nur mit Hilfe anderer auf die Spur kommen. So könnte es in einer Gruppe (Hauskreis o.ä.) durchaus sinnvoll sein, einmal einen Abend zu machen, wo die anderen mir sagen, wie sie mich sehen – mit Stärken und mit

Schwächen – und ich den gleichen Dienst den anderen tue. Eines ist allerdings bei dieser Übung unabdingbar: In der Gruppe muß Vertrauen untereinander herrschen, sonst besteht die große Gefahr, daß nicht etwas Konstruktives, sondern etwas Destruktives daraus entsteht.

Neben dem, daß andere an mir Charaktereigenschaften und Fähigkeiten sehen, die ich bisher selbst nicht gesehen habe, gibt es auch das andere, daß ich bestimmte Dinge bei mir selbst sehr wohl wahrnehme, sie aber vor den anderen zu verbergen suche. Meistens handelt es sich um Gefühle, Wünsche, Sehnsüchte oder Ängste, die mir peinlich sind, und von denen ich annehme, daß andere auf mich herabsehen würden, wenn sie diese Dinge wüßten. Es könnte ein Schritt zu mehr Menschlichkeit sein, das Wagnis einzugehen und mich vor anderen Menschen (Vertrauensbeziehung immer vorausgesetzt!) zu öffnen und zu sagen: So sieht es bei mir wirklich aus. Natürlich denke ich nicht an einen „seelischen Striptease“. Ich darf immer selbst entscheiden, was ich preisgeben will und was nicht.

Die Gefahr liegt in der Regel jedoch nicht darin, daß wir uns zu sehr öffnen, sondern daß wir uns zu sehr verschließen. Beziehungen zwischen Menschen wachsen aber in der Regel nicht dadurch, daß jemand mit seinen großen Taten glänzt, sondern dadurch, daß jemand sich mit seinen Schwächen zeigt. Er zeigt sich so solidarisch mit den anderen, die ja genauso ihre Schwächen haben. Eine kleine Begebenheit am Rande hat mir einmal diese Tatsache verdeutlicht. Ich hatte in einer Gemeinde einen Diavortrag über unsere Lebensgemeinschaft zu halten. Gleich zu Anfang fielen mir sämtliche Dias herunter und alles war durcheinander. Ich wurde ziemlich nervös und sagte: „Es ist wie in unserer Gemeinschaft. Irgendetwas geht immer schief.“ Worauf einige von den Zuhörern spontan sagten: „Wie bei uns.“ Und damit war eine Beziehung zwischen mir und den Zuhörern an diesem Abend hergestellt.

– Wer verheiratet ist, dem stellt sich die vierte Frage: Wie sieht die Beziehung zu meinem Ehepartner aus? Die Lebensmitte ist in der Regel die Zeit, in der die Kinder anfangen, aus dem Haus zu gehen. Kinder bestimmen sehr stark den Familienalltag, sie sind oft ein Bindeglied zwischen den Ehepartnern. Sind die Kinder aus dem Haus, sind die Ehepartner auf einmal wieder auf sich gestellt, und die Partnerbeziehung muß eine neue Qualität bekommen.

Wie die Beziehung eines Paares sich in Zukunft gestaltet, hängt mit davon ab, wie sie in der Vergangenheit gelebt wurde. Haben die Kinder alles bestimmt, oder haben die Ehepartner sich Freiräume geschaffen, wo sie nur als Paar – ohne Kinder – zusammen waren? Wie ist das Gespräch gepflegt worden? Wieviel heimliche Vorwürfe gibt es, die nicht auf den Tisch kommen, wieviel verborgenen Ärger, Resignation und Enttäuschung? Auch hier ist eine ehrliche Bestandsaufnahme nötig, wenn die Beziehung nicht scheitern soll. Es sind Gespräche darüber nötig, wie man in Zukunft miteinander leben will. Gelingt es, der Partnerbeziehung eine neue Qualität zu geben, so kann es hier zu so etwas ähnlichem wie zweiten Flitterwochen kommen, weil man wieder viel ungestörter seine Zweierbeziehung leben kann. Freunde, um die fünfzig Jahre alt, meinten bei einem Gespräch über das eigene Lebensalter: „Die Zeit zwischen fünfzig und sechzig Jahren ist die schönste Zeit im Leben: Die Kinder sind erwachsen und selbständig. Die Kämpfe in der Ehe sind im großen und ganzen ausgefochten, und wir sind noch vital genug, um vieles zu unternehmen, was uns Freude macht."

## Neuorientierung

Die Fragen, die sich in der Lebensmitte stellen, beziehen sich jedoch nicht nur auf die Gegenwart und die Vergangenheit, sondern vor allem auf die Zukunft. Es geht darum, sich neu zu orientieren und neu zu fragen:

– Was will ich mit meinem Leben? Was brauche ich für die nächsten fünf bis zehn Jahre?

– Welche Werte waren mir seither wichtig im Leben und welchen Werten will ich für die Zukunft mehr Gewicht geben? Die Arbeit an der persönlichen Weiterentwicklung bleibt in der Streßzeit des Erwachsenenalters oft auf der Strecke, ebenso die

Beschäftigung mit den schönen Dingen des Lebens. Sollen beide Bereiche wieder mehr Gewicht bekommen?

– Es gibt Dinge, die ich mir als junger Mensch vom Leben erträumt habe und die ich nicht erreichte. Gibt es darunter Dinge, die noch nachholbar wären? Was müßte ich dafür einsetzen? Welchen Preis müßte ich dafür bezahlen? Will ich das?

– Die erste Lebenshälfte ist stark geprägt vom äußeren Aufbau des Lebens: beruflich Fuß fassen, Familie gründen und so weiter. Die zweite Lebenshälfte weist mehr den Weg nach innen. Was habe ich in meiner persönlichen Entwicklung seither vernachlässigt? Wo ist es nötig, an mir persönlich weiterzuarbeiten? All diese Fragen – auch die ehrliche Frage: „Wer bin ich wirklich?“ – können mich durchaus in eine Krise bringen und mir Schwierigkeiten bereiten. Führen sie aber zu Einsichten über mich selbst und zu einer neuen, realistischen Sicht meiner eigenen Person, so habe ich ein gutes Fundament, um die nächsten Lebensphasen zu bewältigen. Denn irgendwann wird nicht mehr gefragt sein, was ich arbeite, was ich beruflich leiste, sondern wer ich als Person bin, wie ich mit mir selbst zurechtkomme und was ich mit mir selbst anfangen kann.

– Mit welchen Menschen möchte ich die nächste Wegstrecke gehen? Es ist die Frage nach meinen Beziehungen, nach meinen Freunden. Wenn ich mich persönlich verändere, so kann es durchaus sein, daß manche Freundschaftsbeziehungen auf einmal leer und hohl werden. Da sollte ich den Mut haben, sie auch zu beenden. Auf der anderen Seite gehören für mich gute Freunde zur „Lebensqualität“. Welche Beziehungen möchte ich verstärken, welche neu anknüpfen? Wo muß ich mich auch auf die Suche machen? Das sind Fragen, die in diesem Bereich anstehen.

– Zur zweiten Lebenshälfte gehört, wie bereits erwähnt, mehr Raum zu lassen für die schönen Dinge des Lebens – für Hobbys, Kunst, Musik, Malerei, die Natur genießen ... Was wollte ich in diesem Bereich eigentlich schon immer tun und habe mir nie die Zeit dafür genommen? Jetzt wäre die Zeit, noch einmal etwas anzufangen.

– Im Erwachsenenalter wurde die Frage gestellt: Wo will ich mich einsetzen? Was ist meine Berufung? Diese Fragestellung hört mit der Lebensmitte nicht auf. Im Gegenteil: Sie könnte mit Blick auf den in Sichtweite kommenden Ruhestand sogar noch aktueller werden. Die meisten Menschen sind heute mit 65 Jahren noch recht vital. Sie wollen und können noch etwas tun. Das Leben ist befriedigender, wenn man feststellt, daß man noch gebraucht wird.

Deshalb stellt sich die Frage: Wo werde ich außerhalb meines Berufes gebraucht? Für was oder für welche Sache will ich mich freiwillig und ehrenamtlich engagieren? Es ist leichter im Ruhestand ein sinnvolles Engagement zu finden, wenn man bereits vorher entsprechende Kontakte geknüpft hat. Eines sollte man allerdings nicht vergessen: Spätestens in der Lebensmitte ist es nötig, mit seinen Kräften sorgsam umzugehen. Verausgaben, wie es vielleicht ein junger Mensch noch eher kann, soll man sich dann nicht mehr.

## Abschiednehmen

Bei dieser Bestandsaufnahme wird deutlich geworden sein, daß es Dinge im Leben gibt, die nicht mehr nachzuholen, die unwiderruflich vorbei sind. Hier heißt es loszulassen, Abschied zu nehmen, Trauer zu tragen. Ziel wäre es, zu einer inneren Haltung zu kommen, die ich mit ein paar Stichworten skizzieren möchte:

– einverstanden sein, daß mein Leben so ist, wie es ist.

– Grenzen akzeptieren.

– sich aussöhnen mit schwierigen Lebensumständen – seinen Frieden finden.

Wem es gelingt – wenn auch nur unvollkommen –, zu solch einer inneren Lebenshaltung zu kommen, der hat das Ziel der Lebensmitte erreicht, das Tobias Brocher (in: Stufen des Lebens, Kreuz Verlag, 1977) wie folgt beschreibt:

„Ein erster Anflug von Weisheit, Gnade, Gelassenheit, Güte, Bescheidenheit, Lebensklugheit.“

## Wüstenzeit

Die Zeit der Lebensmitte ist für viele eine krisenhafte Zeit. Wenn wir nur daran denken, daß es gilt, sich schonungslos und ehrlich der eigenen Person zu stellen, so geht das in der Regel nicht ohne Krisen, ohne innere Verunsicherung ab. Auch das Abschiednehmen und Loslassen ist meistens von Krisen begleitet. Der Glaube bleibt von solchen Krisen nicht verschont. Glaubenskrisen gibt es allerdings nicht erst und nicht nur in der Zeit der Lebensmitte.

Wenn es gelingt, mit einem Menschen in ein ehrliches, offenes Gespräch zu kommen, so kann es sein, daß jemand seine Glaubensarmut klagt: „Gott ist mir so fern. Ich habe das Gefühl, ich erreiche ihn gar nicht mehr. Ich kann kaum noch beten. Die Worte der Bibel sagen mir nichts mehr. Mein Glaubensleben ist dürr, öde, leer.“ – Wüstenzeit.

Uns gefallen solche Zeiten nicht. Lieber möchten wir mit unserem Gott „Kriegsvolk zerschlagen und über Mauern springen“ (Psalm 18,30), große Taten vollbringen und Siegeslieder anstimmen. Doch kennen auch die Psalmisten, die solche Siegeslieder anstimmen, die andere Seite des Glaubens. „Warum verbirgst du dein Angesicht?“ fragen sie Gott. Oder: „Warum bist du so ferne? Hast du dein Volk vergessen?“ Bis hin zu dem Ausruf, den Jesus am Kreuz wiederholt: „Mein Gott, mein Gott, warum hast du mich verlassen?“

Solche Wüstenzeiten gehören also auch zum Glaubensleben dazu. Wenn wir selbst mittendrin stecken, haben wir meist ein schlechtes Gewissen und schämen uns unserer Zweifel, unserer scheinbaren Gottesferne. Wir denken, das dürfte bei einem „guten Christen“ nicht vorkommen und irgendetwas sei bei uns falsch. Wenn wir jedoch in die Bibel hineinschauen, finden wir viele Beispiele von solchen Wüstenzeiten. Neben den Psalmisten oder der Geschichte von Hiob ist der Prophet Elia ein bekanntes Beispiel dafür.

Was geschieht in der Wüste? Alle äußeren Dinge, auf die wir uns normalerweise stützen, stehen nicht mehr zur Verfügung. Wir können mit nichts glänzen. Auch die großen Erfahrungen mit

Gott scheinen verschwunden zu sein. Da gibt es scheinbar keine Gebetserhörungen und keine Zeichen und Wunder, keine großen Taten Gottes. In dieser Situation zeigt sich, auf was sich unser Glaube wirklich gründet. Gründet er sich auf unsere guten Erfahrungen, darauf daß Gott unsere Gebete erhört, oder daß wir selbst ein vermeintlich Gott wohlgefälliges Leben führen?

Oder gründet unser Glaube sich auf das, was Gott selbst zugesagt und was ewigen Bestand hat – völlig unabhängig von unseren Erfahrungen?

Seine Zusage ist: Ich bin gnädig. Ich habe dich lieb. Ich bin dir nahe und möchte, daß du mir nahe bist. Damit du weißt, daß dies gilt, dafür habe ich sogar meinen Sohn – Jesus Christus – gegeben. Dafür ist er gestorben. Dafür ist er auferstanden. Er ebnet dir den Weg zu mir – einen anderen Weg gibt es nicht.

Wir leben von der Gnade Gottes. Dieser Satz geht einem leicht über die Lippen. Ob dieser Satz wirklich das Fundament unseres Glaubens ist oder ob sich unser Glaube auf alle möglichen anderen Dinge stützt, das kommt in der Wüstenzeit auf den Prüfstand.

## ER ist Gott, und ich bin Mensch

Eine weitere Erfahrung, die einem in solchen Wüstenzeiten klar werden kann, ist die Erkenntnis, daß ein „himmelweiter" Unterschied zwischen Gott und Mensch besteht.

Im Lebensalter der Pubertät wird der „nahe Gott" betont, Jesus mein Freund. Das gilt immer noch. Aber wenn man älter wird, dann wird einem besonders in Krisenzeiten deutlich, daß Gott eben nicht nur der nahe Gott ist, sondern auch der ferne Gott, der geheimnisvolle, der unergründliche, der, dem man sich nicht nahen kann, ohne zu vergehen. Der heilige Gott, dessen Name unaussprechlich ist. Den Menschen des Alten Testamentes war diese Heiligkeit Gottes sehr gegenwärtig.

Uns heutigen Christen fehlt manchmal etwas von dieser Ehrfurcht. Wir versuchen immer wieder, Gott in den Griff zu bekommen. Wir meinen, wenn wir um etwas bitten, *muß* er es erfüllen. Es gibt ganze Frömmigkeitsrichtungen, die eine Lehre daraus machen, wie man in bestimmten Situationen zu beten habe, um das zu bekommen, was man braucht. Das ist nicht ganz falsch, denn wir sind aufgerufen, konkret zu beten. Aber es liegt auch eine Gefahr in einer solchen Lehre, daß man nämlich davon ausgeht, wenn man so und so betet, muß Gott so und so „funktionieren". Er muß nach bestimmten – vom Mensch aufgestellten – Regeln handeln, das heißt jedoch, man versucht, Gott in ein menschliches Schema zu pressen.

Manche Menschen meinen, ganz genau Gottes Willen zu kennen. Nun hat Gott uns seinen grundsätzlichen Willen offenbart, vor allem in den Zehn Geboten. Darüberhinaus redet er auch heute noch zu den Menschen und schenkt heute noch Offenbarungen seines Willens, weil er ein lebendiger Gott ist. Doch die Erkenntnis, was Gott in ganz konkreten Situationen will, ist immer auch menschlichem Irrtum unterworfen. Dem sollten wir Rechnung tragen. Wenn wir das nicht tun, mangelt es an Ehrfurcht vor Gott und der Einsicht, daß Gottes Gedanken höher sind als unsere Gedanken und seine Wege höher als unsere Wege (Jesaja 55,8.9). Unsere Erkenntnis über Gott kann im jetzigen Leben nur Stückwerk bleiben, wir werden Gott nie ganz erfassen können.

Gott ist souverän. Er läßt sich nicht in menschliche Schemata pressen. Er handelt, wie er will und nicht, wie wir wollen. Das ist den meisten von uns zwar theoretisch klar, wird aber in Wüsten- und Krisenzeiten eine oft schmerzliche Lebens- und Glaubenserfahrung. Zum reifen Glauben gehört, diese Spannung auszuhalten, daß Gott der nahe *und* der ferne Gott ist. „Darum sieh die Güte und den Ernst Gottes", schreibt Paulus an die Gemeinde in Rom (Römer 11,22). Das erscheint mir wie ein großer Spannungsbogen, der das Wesen Gottes beschreibt. Wir als Menschen werden dieses Wesen Gottes immer nur ausschnittsweise und bruchstückhaft erkennen. Das heißt aber auch, daß unser Glaube bruchstückhaft ist. Niemand von uns hat die vollkommene Wahrheit gepachtet. Wem diese Erkenntnis „leibhaftig" in der Krise bewußt wird, in dem wird eine Charaktereigenschaft heranreifen, die in der Bibel sehr hoch bewertet wird – er wird demütig.

Demütig sein heißt, den mir zustehenden Platz zu erkennen und einzunehmen: Er ist Gott – ich bin Mensch. Er ist Schöpfer – ich bin Geschöpf.

## Barmherzig werden

Wer diese Wüste durchwandert, die Wüstenzeit aushält und ihr nicht entflieht (was auch möglich ist), der wird verändert daraus hervorgehen. Er hat erlebt, daß Gott treu ist. Er hat erlebt, daß Gott ihn nicht verlassen hat, auch wenn er sich verlassen gefühlt hat. Er hat erlebt, daß Gott ihn durchgetragen hat. Die Barmherzigkeit und Gnade Gottes wird ihm ganz neu groß geworden sein und vielleicht ist das bloße dogmatische Kopfwissen „ins Herz gerutscht" und prägt sein Leben auf ganz neue Weise.

Diese Erfahrung bleibt nicht nur eine Erfahrung zwischen Mensch und Gott, sondern hat auch Auswirkungen auf die Beziehung zu anderen Menschen. Auf einmal erkennt man: Vor Gott sind wir als Menschen alle gleich. Wir sind alle in gleicher Weise auf seine Gnade und Barmherzigkeit angewiesen. Da gibt es auf einmal keine mehr, „die geistlich weiter" sind, in dem Sinn, daß sie eine höhere – bessere – Stufe des Christseins erlangt haben. Es gibt dann auch keine „besseren und schlechteren" Christen, sondern es gibt nur noch Menschen, die das Heilsangebot Gottes angenommen haben oder solche, die es abgelehnt haben. Und das zu beurteilen, wird man im Einzelfall vielleicht auch vorsichtiger werden und erkennen, daß darüber, wer letztendlich zu Gott gehört und wer nicht, allein Gott zu befinden hat.

Das heißt mit anderen Worten: Ein Mensch wird barmherziger seinen Mitchristen gegenüber. Er ist in der Lage, andere mit unterschiedlichen Frömmigkeitsstilen (nicht Irrlehren) stehen zu lassen. Warum sollen die einen zum Beispiel nicht mit erhobenen Händen, die anderen mit gefalteten und die dritten mit flach aneinander gelegten Händen beten? Ist das wirklich so wichtig? Vielleicht gewinnt man sogar zunehmend Interesse, andere

Ausprägungen des Christseins kennenzulernen, um damit seinen Glaubenshorizont zu erweitern. Wer im Glauben einen festen Stand gewonnen hat, braucht keine Angst zu haben, sich „von jedem Wind einer Lehre bewegen und umtreiben zu lassen" (Epheser 4,14), sondern kann sich vieles anschauen, prüfen und das Gute und zu ihm Passende behalten.

Weiter oben erwähnte ich, daß es Wüstenzeiten auch in anderen Lebensphasen geben kann. In der Lebensmitte dienen sie vor allem dazu, daß in uns Demut und Barmherzigkeit reift – Barmherzigkeit uns selbst gegenüber und Barmherzigkeit anderen gegenüber. Auch die Fähigkeit, andere in ihrem Anderssein mehr stehen lassen zu können, gehört zu diesem Reifungsschritt. Kinder und Jugendliche denken in aller Regel in einem Schwarz-Weiß-Schema. Das ist auch gut so, denn sie müssen die Maßstäbe von Gut und Böse, von Recht und Unrecht verinnerlichen. Wenn man allerdings älter geworden ist, die Maßstäbe verinnerlicht hat und im Glauben (vielleicht gerade durch Wüstenzeiten) einen festeren Stand gewonnen hat, dann ist dieses Schwarz-Weiß-Denken nicht mehr angemessen. Jetzt geht es darum, auch die Zwischentöne wahrzunehmen.

Wer diesen Reifungsprozeß mitmacht, erkennt im Laufe der Jahre, daß Gut und Böse gar nicht so klar voneinander zu trennen ist. Er entdeckt, daß manches Gute – vielleicht eher versteckt – auch Ungutes enthält und daß manches Böse nicht nur böse ist, sondern auch sein Gutes hat. In jedem Menschen gibt es beides – Gutes und Böses. Das hat schon Paulus festgestellt, daß er das Gute, das er tun möchte, nicht tut, sondern das Böse, das er eigentlich gar nicht tun will (Römer 7,19). Wir leben noch immer in einer gefallenen Welt und noch nicht im Paradies, wo nur noch das Gute sein wird.

## Neue Formen des Gebets entdecken

Im jungen Erwachsenenalter wird kritisches Denken und kritisches Hinterfragen groß geschrieben. In der Lebensmitte gewinnt man mehr und mehr die Einsicht, daß dem Denken Grenzen gesetzt sind, daß es Dinge gibt zwischen Himmel und Erde, die mit dem Verstand nicht zu erklären sind. Wunder hält man auf einmal eher wieder für möglich. Geschichten in der Bibel – vielleicht gerade Wundergeschichten –, die man früher eher kritisch betrachtet hat, gewinnen eine neue Bedeutung und neue Tiefe. Man erkennt, daß sie oft neben dem äußeren Handlungsablauf eine tiefe, symbolische Bedeutung haben, die für unser heutiges Leben wichtig ist. Sehr deutlich wird das an den Geschichten, wo Jesus Blinde heilt. Da weist Jesus selbst auf das „Sehen-Können" im übertragenen Sinn hin (Johannes 9,39-41).

Symbole und symbolische Handlungen gewinnen mehr an Bedeutung. Das kann das Knien sein beim Beten, das kann das Hände-Auflegen sein beim Segnen. Es kann sein, daß das Abendmahl neue Bedeutung gewinnt, weil es mir zum Zeichen und zur Vergewisserung für die Anwesenheit Christi wird.

Gebetsformen verändern sich. Man merkt, wie Worte nicht mehr ausreichen, um das auszudrücken, was man Gott sagen möchte. Wo Worte fehlen, erwächst das Schweigen. Es entsteht die Sehnsucht, zur Stille zu kommen, einfach im Schweigen vor Gott da zu sein, Ruhe zu finden bei ihm. Kontemplatives Gebet nennen Fachleute diese Form des Gebets.

Wer länger im Glauben steht, kennt in der Regel (oder sollte kennen) viele Bibeltexte. Man merkt aber auch, daß man vieles weiß und nur wenig im Leben umsetzt. So werden Wege gesucht, um dies zu verändern. Das Wort Gottes soll mehr zur Kraftquelle für den Alltag werden. Vielleicht genügt es, sich für einen Monat einmal nur mit einem Bibelwort zu beschäftigen, es jeden Tag neu zu bedenken, es sozusagen denkend zu umkreisen, bis es immer mehr verinnerlicht wird. Das wäre eine Form der Meditation, eine von vielen möglichen Formen der Meditation mit christlichem Inhalt. Kontemplation und Meditation sind Formen des Gebets, in der sich Menschen in der Lebensmitte, wenn sie diese erst einmal kennengelernt haben, oft gut zu Hause fühlen.

Wer solche Reifungsschritte, durch die der Glaube in die Weite und in die Tiefe geführt wird, durch die das Bruchstückhafte des eigenen Glaubens erkannt wird, die zu mehr Demut und Barmherzigkeit führen, nicht vollzieht, läuft Gefahr, in einen starren Dogmatismus zu verfallen. Er muß sich nach allen Seiten abgrenzen und damit einen sehr eingeengten – und meiner Meinung nach auch nicht sehr lebendigen - Glauben leben. Hier geht es nicht um die Frage, ob man zu Jesus Christus gehört oder nicht – das möchte ich ausdrücklich betonen. Es ist vielmehr die Frage, ob man ein fröhliches, weites, lebendiges und attraktives Christsein leben will oder eben ein eingeengtes, das die Lebensfreude eher schmälert als fördert.

Meiner Erfahrung nach ist Gott so gnädig, daß er uns immer wieder in Situationen bringt, wo solche Reifungsschritte angestoßen werden. Meistens sind es Situationen, die uns nicht gefallen. Aber es scheint eines von den Lebens- und Glaubensgesetzen zu sein, daß der Weg zur persönlichen Reife und zum Reifer-Werden im Glauben über Leiderfahrungen und Krisen geht.

Auf der anderen Seite gibt es die Verheißungen Gottes für unser Leben und unseren Glauben, wie zum Beispiel das Wort von Jesus, daß von unserem Leib Ströme lebendigen Wassers fließen sollen. Ströme lebendigen Wassers – das ist für mich kein Bild von Einengung, Armut und Dürre, sondern von Reichtum, Lebensfreude und Fruchtbringen in unserem Leben. So gehört wohl beides zu unserem Glauben: Zeiten der Wüste, in denen etwas im Verborgenen geschieht und Zeiten, in denen die Ströme lebendigen Wassers ans Tageslicht treten und für uns erfahrbare Wirklichkeit werden.

# 7. Altsein ist ein herrlich Ding!?

„Altsein ist ein herrlich Ding, wenn man nicht verlernt hat, was anfangen heißt", so lautet das vollständige Zitat von Martin Buber. Das heißt, dafür daß Altsein wirklich „ein herrlich Ding" wird, gibt es bestimmte Bedingungen.

Wer ist eigentlich alt? Wann beginnt das Alter? Diese Frage ist sehr schwierig zu beantworten. Beim Überlegen fielen mir spontan drei Leute ein, die man landläufig als alt bezeichnen würde. Aber sind sie wirklich alt?

Die erste Person ist ein guter Freund von uns. Er überraschte uns kürzlich mit der Nachricht, daß er Ende nächsten Jahres in Pension gehen würde. Er – Rentner? Ich konnte mir das absolut nicht vorstellen. Für mich ist er noch ein vitaler, mitten im Leben stehender Mann.

Die zweite Person ist ein amerikanischer Pfarrer, der uns öfters besucht. Wenn ich an ihn denke, sehe ich einen Großvater vor mir, denn er ist ein begeisterter Großvater. Jedesmal erzählt er von seinen Enkelkindern und wie toll es sei, Großvater zu sein. Da könne man die Kinder einfach bloß liebhaben und sei der Verantwortung enthoben, sie auch erziehen zu müssen. Das sei ja Sache der Eltern. Auch von seinem Aussehen her, kann man ihn sich so richtig als gütigen Großvater vorstellen.

Und dann denke ich an einen alten Mann, den ich vor einiger Zeit besuchte. Körperlich ist er schon ziemlich hinfällig, ganz an die Wohnung gebunden. Er sagte zu mir: „Warum lebt man eigentlich? Warum lebe ich noch? Ich bin doch zu nichts mehr nütze. Mich braucht doch niemand mehr."

Drei sehr verschiedene Bilder von Altsein.

## Ausscheiden aus der Arbeitswelt

Für einen Menschen, der als Arbeitnehmer in einem Betrieb arbeitet, ist das Ende der Berufstätigkeit mit eine der einschneidendsten

Erfahrungen in seinem Leben (für Freiberufler gestaltet sich der Übergang in der Regel flexibler). Sein Leben hatte seit den Tagen des Kindergartens eine bestimmte zeitliche Struktur. Im Kindergarten waren die Zeiten eindeutig geregelt; dann kam die Schule, wo man zu den festgelegten Zeiten da sein mußte, später die Arbeitsstelle. Mit dem Ruhestand bestimmt keine feste Regelung mehr den Tag. Nichts ist vorgegeben. Man muß ihn ganz allein füllen und ausfüllen.

Die Einstellungen, mit denen Menschen in den Ruhestand gehen, sind sehr verschieden. Die einen können es kaum erwarten, die anderen möchten am liebsten weiterarbeiten und begehren dagegen auf, daß man mit 65 Jahren schlagartig aufhören muß. Wieder andere verdrängen die Sache vollständig, wie der Vater einer Bekannten von mir. Mit achtzig Jahren ging er immer noch jeden Tag ins Büro. Niemand in der Familie wußte, ob er dort wirklich noch etwas zu tun hatte, oder ob nicht alles eine große Farce war. „Sein Leben war Arbeit", steht auf manchen Grabsteinen. Was ist dann Leben ohne Arbeit?

Das Ende des Arbeitslebens ist mit Verlusten verbunden – das ist keine Frage. Es ist ein Verlust von ausgefüllter Zeit. Es ist auch ein Verlust von Beziehungen. Arbeitskollegen spielen in der Regel eine wichtige Rolle im Leben, auch wenn die Beziehungen manchmal schwierig sind. Es sind trotzdem Beziehungen, und Beziehungen sind immer auch ein Zeichen von Lebendigkeit und Lebensqualität.

Schwerer noch wiegt der Verlust von Sinn und von Identität. In der Regel definieren sich Menschen sehr stark von ihrer Berufsrolle her. Diese Rolle sagt uns, wer wir sind und wofür wir gebraucht werden, wofür wir nützlich sind, welche Aufgaben wir erfüllen können und müssen. Das fällt auf einmal alles weg.

## Loslassen und Pläne schmieden – Lebensaufgaben im Alter

Die Lebensaufgabe im Alter könnte man mit „Loslassen" beschreiben. Da gilt es zunächst Verantwortung loszulassen.

Aufgaben anderen übertragen (das fängt in der Regel schon lange vor der Pensionierung an), ihnen zutrauen, daß sie es gut machen werden, auch wenn sie es sicher anders machen, als man selbst es tun würde. Zuschauen können, wenn sie Aufgaben anders erledigen, als man es sich selbst vorgestellt hat. Sich selbst nicht zum Maßstab aller Dinge machen, sich nicht für unersetzbar halten. Jeder ist ersetzbar. Das wird spätestens am Tag der Pensionierung harte Realität.

Ist man zum Zeitpunkt der Pensionierung allerdings noch so vital wie der oben erwähnte Freund von uns, stellt sich ganz praktisch die Frage: Was will ich in den nächsten 5 bis 10 Jahren tun?

Es gilt, realistische Pläne für die nächsten Jahre zu schmieden. Dieses Pläneschmieden sollte nicht erst am Tag der Pensionierung beginnen. Je intensiver man sich auf den Ruhestand vorbereitet, umso besser wird man darin leben können. Es kann auch nicht darum gehen, in der gleichen Hektik wie bisher weiterzuleben. Aber soll ein vitaler 65-jähriger Mann nur noch im Lehnstuhl am Fenster sitzen? Das ist unvorstellbar.

Tatsache ist, daß es in unserer Gesellschaft genug Arbeit gibt, nur sind diese Arbeiten, diese Aufgaben, die eigentlich getan werden müßten, oft nicht bezahlbar. Welch eine Chance für Leute, die auf den Verdienst nicht mehr angewiesen sind, weil ihr Einkommen gesichert ist. Da heute immer mehr Menschen noch recht vital sind bei ihrer Pensionierung, gibt es erfreulicherweise auch immer mehr Initiativen, die sich dieser Frage annehmen.

Da gibt es Pensionäre, die als Entwicklungshelfer in Länder der Dritten Welt gehen, um dortigen Firmen mit ihrem „Knowhow" beim Aufbau zu helfen. Da gibt es „Rentnerbrigaden", die sozialen Einrichtungen bei (sonst nicht bezahlbaren) Renovierungen helfen. In Holland gibt es eine Initiative, wo Rentner für andere Rentner Kurse anbieten, um ihr Wissen weiterzugeben (z.B. Sprachkurse) und vieles mehr.

Für Frauen, die Familie als ihre Hauptaufgabe angesehen und bewußt wahrgenommen haben, beginnt die Neuorientierung meistens früher, nämlich dann, wenn die Kinder mehr oder weniger aus dem Haus sind. Wie ist die entstehende Leere zu füllen? Wird die Beantwortung dieser Frage versäumt, besteht die Gefahr, daß eine Frau versucht, durch die Enkelkinder die Leere zu füllen. Die Großmutter spielt dann keine Großmutterrolle, sondern erneut Mutterrolle. Und sie weiß natürlich viel besser (oder meint zu wissen), was für die Kinder gut ist, als die Mutter, die in ihren Augen ja noch so jung und unerfahren ist. Solch eine Konstellation führt leicht zum Konflikt.

Bei Gesprächen mit jungen Erwachsenen, in denen die Ablösung vom Elternhaus oft eine Rolle spielt, werde ich nicht müde zu sagen: Die Ablösung von den Eltern ist eure Aufgabe, und zwar um euretwillen *und* um eurer Eltern willen. Wenn ihr diese Aufgabe wahrnehmt, so gebt ihr euren Eltern die Chance, sich noch einmal neu zu orientieren, neu ihr Leben zu planen und zu gestalten. Jetzt sind sie noch vital genug dafür. Wenn sie einmal alt und pflegebedürftig sind, werden Ablösungsprozesse viel schwieriger. Die Eltern sind dann auf Hilfe angewiesen, und man kann sie nicht einfach sich selbst überlassen.

Auch für die Beziehung zwischen Mann und Frau ergibt sich eine neue Belastungsprobe. Schon wenn die Kinder aus dem Haus gehen, stellt sich die Frage nach der ehelichen Zweierbeziehung. Sie verschärft sich noch, wenn der Mann pensioniert wird, denn von nun ab ist er auf einmal den ganzen Tag zu Hause. Ich kenne eine ganze Reihe von Frauen, denen das sehr schwerfällt. Seither haben sie ihren Tag relativ frei gestalten können, damit ist es nun vorbei. „Seit mein Mann zu Hause ist, redet er mir in alles rein", beklagte sich kürzlich eine Frau, deren Mann kurz zuvor pensioniert worden war. Zudem macht die permanente Nähe des anderen vielen Schwierigkeiten, auch wenn man das nur hinter vorgehaltener Hand zugibt, weil das ja eigentlich „nicht sein darf" – jedenfalls nicht in einer guten Ehe.

## Jede Beziehung braucht Nähe und Distanz

Die Aufgaben, die sich für die eheliche Beziehung stellen, erscheinen auf den ersten Blick vielleicht widersprüchlich. Zum einen geht es darum, mehr Nähe zu leben. Das ist nicht nur räumlich zu verstehen. Was in der Lebensmitte schon begonnen hat, nämlich seine Gefühle mehr wahrzunehmen und auszutauschen, sich offen und ehrlich zu begegnen, auch kritische Dinge anzusprechen, wird jetzt noch dringlicher. Geschieht das, kann eine Harmonie entstehen, die über das Auf und Ab, über die Höhen und Tiefen der jungen Jahre weit hinausgeht. Es hat wohl jeder schon ältere Ehepaare erlebt, die eine solche Ausstrahlung haben, daß man spürt, zwischen diesen beiden Menschen gibt es ein tiefes inneres Verstehen. Wird aber dieses Sich-Öffnen und Mitteilen nicht praktiziert, so äußern sich all die unausgesprochenen Vorwürfe durch ständiges Nörgeln und Kritisieren – das Alltagsleben wird zum Kriegsschauplatz.

Die andere – und scheinbar gegensätzliche – Aufgabe ist die, daß jeder der Partner mehr Eigenständigkeit entwickeln sollte. Jeder sollte eigenen Interessen nachgehen, eigene Freundschaften pflegen. Welches Gesetz besagt denn, daß man als Ehepaar immer alles zusammen machen muß? Frauen werden sich in manchen Fragen bei Frauen besser verstanden wissen als beim Ehemann. Und für Männer gilt das Gleiche umgekehrt.

Viele sehen diese Eigenständigkeit vielleicht als Widerspruch zu dem oben Gesagten. Jede Beziehung braucht jedoch neben der Nähe auch die Distanz, nur so wird sie auf Dauer genug Luft zum Leben haben. Nähe allein kann auch zu erstickender Nähe werden, wo jedem der Partner die Luft zum Atmen genommen wird. Das Problem von Nähe und Distanz stellt sich nicht erst im Alter, es stellt sich viel früher, aber im Alter stellt es sich unerbittlich. Dann muß eine gute Balance zwischen Nähe und Distanz gefunden werden, sonst sind die Folgen gravierender als in jungen Jahren.

## Einsam und allein sein

Die Angst vor Einsamkeit ist wohl eine der größten Ängste im Alter. Diese Angst ist nicht unberechtigt. Menschen, die im ähnlichen Alter sind wie man selbst, sterben – Freunde, Verwandte, ehemalige Arbeitskollegen, Nachbarn. Der Kreis der Menschen, die zum engeren Beziehungsnetz gehören, wird immer kleiner. Die eigenen Eltern sind gestorben und man ist jetzt selbst die Generation, die am Ende der Alterspyramide steht. Der eigene Tod, aber auch der Tod des Ehepartners muß immer mehr ins Auge gefaßt werden.

Für Menschen, die nicht verheiratet waren, ist die Angst vor Einsamkeit am Ende der Berufstätigkeit noch größer. Es gibt niemanden mehr, dem sie automatisch jeden Tag begegnen, allenfalls der Verkäuferin im Lebensmittelgeschäft.

Die Frage, die sich schon in der Lebensmitte stellte, mit welchen Menschen ich die nächste Wegstrecke gehen will, wird jetzt noch schärfer gestellt. Es ist noch nicht zu spät, sich um neue Kontakte zu bemühen, Orte aufzusuchen, wo man mit anderen Menschen zusammentreffen kann.

Auf der anderen Seite brauchen ältere Menschen auch ein gewisses Maß an Alleinsein. Sie brauchen Zeit, um über ihr Leben nachzudenken. Dieses Nachdenken wird nicht immer nur angenehm sein. Versäumnisse, falsche Weichenstellungen, Fehler, Irrtümer machen einem zu schaffen. Vielleicht muß man auch zusehen, wie die eigenen erwachsenen Kinder nur schlecht mit ihrem Leben zurechtkommen und die Frage stellt sich automatisch, was habe ich falsch gemacht.

Hier hilft nur, die Realität des Lebens zu akzeptieren, daß jeder Mensch fehlbar ist – auch ich selbst. Unser Leben ist Stückwerk und unvollkommen. Damit gilt es sich auszusöhnen und ein „Ja" dazu zu finden. Auch wenn jemand sich noch so sehr mit Schuldgefühlen plagt, die Dinge der Vergangenheit sind nicht mehr zu ändern. Die Realität des Lebens ist: Ich habe manches versäumt und vieles falsch gemacht. Das gehört zu mir und meinem Leben.

Wie gut ist es da, sich darauf zu besinnen, daß wir alle von der Gnade Gottes leben. Er wird uns nicht nach unseren Leistungen richten, aber auch nicht nach unseren Versäumnissen. Den Zuspruch seiner Gnade brauchen wir vielleicht bei solchem Nachdenken besonders.

Wer bereit ist, und meist ist das sehr schmerzlich, die eigene Unvollkommenheit mehr und mehr anzunehmen, bei dem werden sich die Tugenden einstellen, die im allgemeinen dem Alter zugeordnet werden: ein gewisses Maß an Gelassenheit und Barmherzigkeit. Die Fähigkeit, den anderen in seiner Unvollkommenheit anzunehmen, bereit zu sein zur Versöhnung, andere zu trösten und zu ermutigen, ein gewisses Maß an Sicherheit, Verläßlichkeit und Vertrauen auszustrahlen. Ein solcher Mensch kann ein Geschenk für seine Umgebung sein – völlig unabhängig von dem, was er tut – allein durch sein „Sein". Denn im Alter ist nicht mehr so sehr gefragt, was ein Mensch tut oder was er hat, sondern vielmehr, was er ist, was er ausstrahlt und wie er lebt.

Zum Annehmen der eigenen Unvollkommenheit gehört auch zu akzeptieren, daß die körperlichen Kräfte nachlassen und vieles nicht mehr so geht wie früher. Es gehört Geduld dazu – vor allem die Geduld mit sich selbst.

Das bisher Gesagte zeichnet ein sehr positives Bild vom Alter. Es ähnelt wahrscheinlich dem Bild, das vielen einfällt, wenn sie von der Weisheit des Alters sprechen. Tatsache ist, daß man dieses Bild auch verfehlen kann. Das geschieht dann, wenn man sich der Wirklichkeit nicht stellt. Wenn zum Beispiel das eigene Alter nicht akzeptiert wird, man so tut, als stände man noch voll im Leben wie ein junger Mensch. Auf Jüngere wirkt das eher lächerlich.

Andere leben nur noch rückwärts gewandt und betrachten in falscher Selbstzufriedenheit ihr Leben, indem sie alles Negative ausklammern und alles Positive „vergolden". Solche Menschen können dann endlos über vergangene Zeiten des Ruhms erzählen, und was sie doch für ‚tolle Kerle' waren. Ernst nehmen wird das mit der Zeit niemand mehr.

Wer die eigene Unvollkommenheit nicht annimmt, wird sie auch bei anderen schlecht annehmen können. Er wird unter Umständen ein Bild von Altsein abgeben, das man leider auch immer wieder antrifft: Starrheit, Sturheit und mangelndes Interesse an Neuem. Alles muß so gemacht werden, wie es eh und je gemacht wurde. Die eigene Person wird zum Maßstab aller Dinge, der Mensch wird unbeugsam, autoritär und äußerst penibel, er kritisiert und nörgelt an allem herum.

Wie das eigene Leben im Alter aussieht, ist kein unveränderbares Schicksal. Es wird davon abhängen, ob ich mir die Arbeit an mir selbst zumute oder lieber erspare. Es ist ja eine bekannte Tatsache, daß im Alter die Eigenschaften, die schon früher erkennbar waren, verstärkt hervortreten – im Positiven wie im Negativen.

## Vom Sinn des Lebens

Gehen wir noch einmal zurück an den Anfang dieses Kapitels zum dritten Beispiel, wie „Alt-Sein" aussehen kann. Es war das Beispiel eines alten Mannes, der sich fragte, warum er überhaupt noch lebe. Sinnlosigkeit war das Fazit seines Lebens. Damit steht er sicher nicht allein. Die Frage nach dem Sinn des Lebens stellt sich im Alter nachdrücklicher, weil man sich nicht mehr durch das definieren kann, was man arbeitet oder leistet. Manchem geht es dann ein Stück weit so wie den Menschen, die krank oder behindert sind und sich deswegen mit der Frage nach dem Sinn ihres Lebens schon viel früher und sehr existentiell auseinandersetzen müssen.

Im zweiten Kapitel sprach ich von zwei Standbeinen, die die Grundlage für unser Selbstbewußtsein, für unser Selbstwertgefühl sind. Das erste lautet: Ich bin geliebt, einfach weil ich da bin; ich bin geliebt, um meiner selbst willen. Das zweite Standbein war: Ich bin geliebt und werde anerkannt, weil ich etwas gut mache, weil ich etwas tue (leiste), was bei anderen Menschen Wohlgefallen findet.

Die Frage nach dem Sinn des Lebens hat die gleichen Standbeine:

Das erste Standbein: Es gibt einen Schöpfer, der gewollt hat, daß ich lebe. Wenn er es nicht gewollt hätte, würde ich nicht leben. Er allein hat die Macht, Leben zu schaffen. Weil es der Wille dieses Schöpfers – der höchsten Instanz des ganzen Kosmos – ist, daß es mich gibt, hat mein Leben allein von daher einen Sinn. Der Schöpfer bestätigt mein Leben dadurch, daß er „ja" zu mir sagt: „Ich habe dich lieb und du bist wertvoll, weil du mein Geschöpf bist." Diese Aussage des Schöpfers macht mein Leben wertvoll, völlig unabhängig davon, was ich leiste oder tue. Dieses

Wort des Schöpfers gilt für das Leben eines jeden Menschen, weil jeder Mensch sein Geschöpf ist.

Das zweite Standbein: Ich werde von diesem Schöpfer gebraucht, um etwas Sinnvolles in seiner Welt zu tun. Dieses Standbein erscheint uns viel realer, viel greif- und faßbarer. Deshalb betonen wir in aller Regel dieses zweite Standbein mehr. Das geht auch gut, solange wir aktiv sein können, obwohl es manchmal auch sehr anstrengend ist, wenn ständig Leistung erbracht werden muß, um das Gefühl zu haben, daß das eigene Leben Sinn hat. Aber was ist, wenn man nichts oder nicht mehr viel leisten kann? Wenn die Kräfte gerade noch reichen, um für das eigene Leben zu sorgen – und manchmal vielleicht nicht einmal mehr das?

Sicher wird es vieles im Leben eines Menschen geben, von dem er im Rückblick sagen kann, daß es sehr gut war, daß er sein Leben dadurch als sinnvoll ansehen kann, daß sein Leben nicht umsonst gewesen ist, daß es sich gelohnt hat. Aber um jetzt und hier gut leben zu können, ist es wichtig, sich immer wieder neu auf das erste Standbein zu besinnen: Gott will, daß ich lebe. Gott will, daß ich heute lebe – und das gibt meinem Leben Sinn. Es ist die Frage, woher ich mich und mein Leben definiere: Definiere ich mich von dem her, was ich *leiste* oder von dem her, was ich *bin* – nämlich ein Geschöpf Gottes.

Dieses Besinnen auf den Schöpfer wird die Einstellung eines Menschen zum Leben verändern. Er kann loslassen. Ihm wird bewußt, daß er nicht der „Macher“ dieser Welt, sondern Geschöpf ist. Das Alter, in dem man nicht mehr viel „machen“ kann, lehrt einem diese Wahrheit. Es stellt sich nur die Frage, ob ein Mensch demütig genug ist, um klar zu sehen, wer er eigentlich ist und ob er die Bereitschaft hat, diese Wahrheit auch anzunehmen.

Hier kehren wir fast an den Anfang des Lebenslaufes zurück. Das Thema des Anfangs war Vertrauen (Vertrauen in die Welt). Vertrauen, daß es einen Schöpfer gibt, der die Welt in der Hand hält und der es gut mit mir meint. In die Hände dieses Schöpfers kann ich mich auch im Alter getrost fallen lassen.

Mit diesem „Fallen-Lassen“ ist nicht nur das Sterben gemeint, obwohl dies das letzte „Fallen-Lassen“ sein wird. Ich meine damit auch etwas, was in einem Psalm so ausgedrückt ist: „Fürwahr, meine Seele ist still und ruhig geworden wie ein kleines Kind bei seiner Mutter; wie ein kleines Kind, so ist meine Seele in mir" (Psalm 131,2). Sich vertrauensvoll in die Arme Gottes fallen lassen wie ein Kind in die Arme seiner Mutter, bei ihm zur Ruhe kommen, in seiner Gegenwart sich ausruhen, einfach da sein vor ihm – das bringt der Seele Ruhe und Frieden, so sagt es der Psalmist.

Zu diesem Vertrauen gehört auch, die Führung seines Lebens immer mehr Gott zu überlassen und das eigene „Machen-Wollen" Stück für Stück aufzugeben. Der auferstandene Jesus sagt zu Petrus am See Tiberias: „Als du jünger warst, gürtetest du dich selbst und gingst, wo du hin wolltest; wenn du alt wirst, wirst du deine Hände ausstrecken und ein anderer wird dich gürten und führen, wo du nicht hin willst" (Johannes 21,18). Es wird sich jemand nur bereitwillig führen lassen, wenn er letztendlich weiß, daß Gott es gut mit ihm meint, auch dann, wenn die Führungen manchmal so ganz anders sind, als man es sich vorgestellt hat.

Aus dem Nachdenken über den Sinn des Lebens, aus dem aufmerksamen Hören auf die leisen Impulse Gottes, durch die Gottes Führung geschieht, kann eine weitere „Alterstugend" erwachsen: Unterscheiden können zwischen wirklich Wichtigem und Unwichtigem. Es wird vielleicht dazu führen, daß jemand sich selbst nicht mehr so wichtig nimmt, daß jemand die Fähigkeit gewinnt, über sich selbst lächeln zu können – diese Fähigkeit bezeichnet man normalerweise als Humor. Diese Art von Humor kann das Leben nachhaltig erleichtern, wenn man sich selbst und sein eigenes Tun nicht mehr so „tierisch" ernst nimmt. Ich glaube, daß auch Gott Humor besitzt und manchmal über unsere menschliche Selbstüberschätzung einfach lächeln muß.

Was es in letzter Konsequenz heißt, sich in die Arme Gottes fallen zu lassen, hat für mich Karl Ernst Nipkow (in: Erwachsenwerden ohne Gott?, Kaiser Traktate 1987) sehr schön ausgedrückt:

„Es ist gut, daß wir unser Leben zwar verantwortlich selbst zu führen haben, aber es nicht abzuschließen brauchen. Gott, der Autor unseres Lebenslaufs, wird das letzte Kapitel schreiben."

# 8. Ein Kind im Glauben sein

In den Kapiteln eins bis sieben wurde der Entwicklungsprozeß eines Menschen im Lauf seines Lebens beschrieben. Den einzelnen Lebensphasen wurde die jeweilige Ausprägung des Glaubens in der jeweiligen Phase zugeordnet. Es wurde aufgezeigt, welche Parallelen es zwischen menschlichen Reifungsprozessen und Ausprägungen des Glaubens gibt. Allerdings – das wurde bereits erwähnt – müssen Lebensalter und die zugeordneten Glaubensausprägungen nicht unbedingt übereinstimmen. So kann z.B. ein Dreißigjähriger seinen Glauben durchaus so leben, wie er für das Jugendalter beschrieben wurde, weil persönliche Entwicklungsprozesse und auch solche des Glaubens sich nicht standardisieren lassen. Jeder Mensch hat sein eigenes Lebenstempo.

## Die Richtung seines Lebens ändern

Ganz deutlich wird diese Nicht-Übereinstimmung von Alter und Ausprägung des Glaubens, wenn wir daran denken, daß Menschen erst mit 15, 28 oder mit 45 Jahren oder noch später zum Glauben an Gott finden. Sie sind dann keine Kinder mehr. Doch ist im Neuen Testament an verschiedenen Stellen von „Kindern im Glauben“ die Rede, wenn Menschen gemeint sind, die sich neu zu Jesus Christus bekehrt haben.

Bekehrt haben – diesen Begriff habe ich absichtlich gewählt, auch wenn er für viele einen eher negativ gefärbten Beigeschmack hat. Denkt man doch gleich an eine bestimmte Art von christlichen Großveranstaltungen, wo auf manipulative Weise Druck zur Bekehrung ausgeübt wird. Lassen wir diese eher negativen Bilder einmal hinter uns und nehmen den Begriff in seinem eigentlichen Wortsinn. Dann drückt er sehr deutlich aus, was hier geschieht: Jemand wendet sich ab von bisherigen Werten und Sinngebungen, von der bisherigen Ausrichtung seines Lebens und wendet sich hin

– kehrt sich hin – zu dem Gott der Bibel als höchste und letztgültige Instanz für sein Leben. Er verspricht Gott, daß er von nun an sein Leben auf ihn hin und von ihm her ausrichten will.

Wer diese Hinkehr zu Gott vollzogen hat, ist nun ein Kind im Glauben, und zwar in zweierlei Hinsicht. Zum einen ist er ein Kind im Glauben, weil er noch ganz am Anfang des Glaubens steht, noch „Muttermilch“ (1.Petrus 2,2) braucht. Zum anderen ist er aber auch ein Kind im Glauben (Kind Gottes), weil er jetzt zur Familie Gottes gehört. Diese zweite Art von Kind-Sein drückt aus, daß jemand durch die Bekehrung einen neuen Status erhalten hat, eine neue Zugehörigkeit. In diesem zweiten Sinn bleibt jeder Christ ein Leben lang „Kind im Glauben“, so wie jeder ein Leben lang Kind seiner Eltern bleibt, auch wenn er schon erwachsen ist. Wenn wir Gottes Kinder sind, so heißt das, daß sich Gott um uns kümmert, zu uns steht und uns annimmt, wie wir sind.

Dieser Wunsch nach Zugehörigkeit, nach Geborgenheit, die Sehnsucht nach liebender Gemeinschaft, nach Angenommensein, der Wunsch wertgeschätzt zu sein, einen Sinn im Leben zu finden – das sind meines Erachtens die Hauptgründe, warum heute Menschen nach Gott fragen, warum sie sich auf die Suche nach ihm machen und sich entscheiden, ihr Leben mit Gott und nicht ohne Gott zu führen.

In früheren Jahrhunderten, in denen Himmel und Hölle, Lohn und Strafe noch selbstverständlicher das allgemeine Weltbild prägten, mag die Angst vor der Hölle, die Angst vor dem Gericht Gottes, ein starker Impuls gewesen sein, um ein Leben im Glauben zu führen. Ein Hinweis darauf sind die vielen künstlerischen Darstellungen vom Jüngsten Gericht in alten Kirchen.

Heute bewegen uns in erster Linie andere Fragen als die Angst vor dem Gericht. Es sind die Fragen nach Sinn, Wert und Zugehörigkeit, die nach meinen Beobachtungen eine viel größere Rolle spielen. Es ist die Sehnsucht danach, in einer Gemeinschaft Geborgenheit und Heimat zu finden und die Sehnsucht, als einzelner in einer immer anonymer werdenden Gesellschaft gesehen und wahrgenommen zu werden. Auf diese Fragen und Sehnsüchte hat der christliche Glaube überzeugende Antworten. Nachdrücklicher überzeugen werden diese Antworten dem Glauben fernstehende Menschen allerdings, wenn diese gelebte Beispiele dafür finden.

Das scheint mir auch ein Grund dafür zu sein, warum sich auf Großveranstaltungen relativ wenig Menschen bekehren (wie statistische Untersuchungen behaupten), dafür aber viele auf Freizeiten oder durch Freunde. Bei Freunden kann man sehen, wie sie ihren Glauben leben, wie sie ihr Leben aus dem Glauben heraus gestalten und ob das, was sie sagen, übereinstimmt mit dem, was sie leben. Mit Freunden und auf Freizeiten wird Gemeinschaft erlebt. Man erlebt, daß man dazugehört, als Mensch akzeptiert und wertgeschätzt wird. Glauben ist dann nicht nur etwas, was „gedacht" werden muß, sondern auch etwas, was mit dem wirklichen Leben zu tun hat.

## Glauben bedeutet, sein Herz zu Gott bringen

James W. Fowler stellt in seinem Buch „Stufen des Glaubens" (Gütersloher Verlagshaus Gerd Mohn 1991) eine – mich faszinierende – sprachliche Untersuchung an über das Wort „Glauben", die ich hier allerdings nur sehr verkürzt wiedergeben kann. Er beginnt mit dem lateinischen Wort „Credo" (ich glaube). Es ist zusammengesetzt aus dem Wort „cor" = Herz (was wir aus der Medizin kennen) und dem Wort „do" = wohin bringen, geben. Somit heißt Glaube in diesem Sinn: „Sein Herz wohin bringen" oder „Sein Herz an etwas hängen". Das deutsche Wort „Glaube" hat in seinem Ursprung eine ähnliche Bedeutung, nämlich etwas „für lieb (liebens-wert) halten" oder etwas „gutheißen".

Leider ist diese sprachliche Bedeutung von Glauben heute weitgehend verlorengegangen. Wir fragen: „Glaubst du das, was über die neue Kollegin erzählt wird?" und meinen damit: „Hälst du es für wahr?" Und wenn wir im christlichen Sinn jemanden fragen: „Was glaubst du?", dann meinen wir oft ebenso: „Was hälst du für wahr?" Nun ist aber etwas „für wahr halten" oder „sein Herz an jemanden oder etwas hängen" ein fundamentaler Unterschied.

Nur Glauben im Sinn von „sein Herz an Gott hängen" oder anders ausgedrückt: Gott sein ganzes Vertrauen entgegenbringen, weil er vertrauenswürdig ist, ihm Treue und Loyalität versprechen – nur Glaube in diesem Sinn kann die Sehnsucht des Menschen nach Sinn, Wert, Zugehörigkeit und Angenommensein stillen.

Glaube ist dann eine Lebensqualität. Er bestimmt mein Lebensgefühl: „Ich bin ein Mensch, der auf dieser Welt willkommen ist, der angenommen und geliebt ist. Es gibt für mich einen Platz auf dieser Welt, der meinem Leben Sinn gibt.“ Ich denke, jeder kann sich ausmalen, wie groß der Unterschied im Lebensgefühl ist zwischen einem Menschen mit solch einer Grundhaltung und Lebenseinstellung und Menschen, deren Einstellung man etwa so formulieren könnte: „Niemand mag mich wirklich. Ich fühle mich ungeliebt in dieser Welt. Ich habe hier keinen richtigen Platz. Wenn es mich nicht gäbe, würde nicht viel fehlen. Welches blinde Schicksal hat mich überhaupt in das Leben geworfen?“

Glaube im oben genannten Sinn wird dann auch den Umgang mit anderen Menschen, den Umgang mit Geld, Beruf, Sorgen und vielem mehr bestimmen, weil das Leben von anderen Werten her gelebt wird. Er bestimmt, wofür ein Mensch sich im Leben einsetzt, worauf er sich letztlich verläßt. Wenn ich selbst in diesem Sinne glaube, so hat das auch Einfluß darauf, wie ich mit Unglück und Leid umgehe. Wenn Glaube Lebensqualität ist, werden im Laufe der Zeit bestimmte Qualitäten im täglichen Leben entstehen: Eine tiefe Lebensfreude, die auch im Leid noch irgendwo mitschwingt, eine Zuversicht ins Leben, Liebe zu anderen Menschen, Versöhnlichkeit, Gelassenheit, Geduld, Mut, Einsatzbereitschaft, Verläßlichkeit und vieles mehr.

Wenn Glaube nur die Bedeutung von etwas „für wahr halten“ hat, so bleibt das Herz mehr oder weniger unberührt, dann kann das Herz durchaus an andere Dinge gehängt werden. Glaube betrifft dann zumeist nur einen bestimmten Bereich des Lebens (meistens den Freizeitbereich), aber viele Dinge des alltäglichen Lebens werden von anderen Werten her bestimmt. Dann kann der Glaube auch nicht die prägende Kraft im Leben werden, die das ganze Leben bestimmt und ihm Sinn gibt.

Bevor jemand fragt: „Wie kann ich im Glauben wachsen?“, wäre eigentlich zu fragen: „Was heißt für mich – ich glaube?“

Bedeutet es nur, daß ich bestimmte Dinge für wahr halte und bestimmte dogmatische Richtigkeiten nachspreche oder habe ich wirklich mein Herz zu Gott gebracht?

## Das „Follow-Up-Training"

Jemand ist Christ geworden. Er hat sich entschlossen, von nun an ein Leben mit Gott und nicht mehr ohne Gott zu führen. Das ist der erste Schritt. Welche weiteren Schritte sind nötig, um in dieses neue Leben hineinzuwachsen? Was braucht dieser Mensch?

Im Grunde braucht dieser Mensch nun eine Begleitung und Anweisung, wie dieses Leben im Glauben aussehen, wie es gestaltet werden kann. Er muß lernen, wie er seinen Glauben leben und darin wachsen kann. Leider ist es mit dieser Begleitung in unseren Gemeinden vielfach schlecht bestellt. Man schaut vielleicht noch, daß jemand, der neu zum Glauben gefunden hat, in einer Gruppe unterkommt, aber ein systematisches Training für das Leben im Glauben – oder biblisch ausgedrückt: eine Unterweisung im Jünger Sein – gibt es bei uns höchst selten. In anderen Ländern ist das viel verbreiteter, „Follow-Up-Trainings" (Nachfolge-Training) gehören da zum normalen Standard einer Gemeinde. In einer Zeit, in der man auch in Deutschland nicht mehr davon ausgehen kann, daß ein christliches Grundwissen vorhanden ist und Menschen zum Glauben kommen, die bisher fast nichts von Jesus gehört haben, müßten wir wieder ganz neu darüber nachdenken, wie diese Menschen in ein christliches Leben, in einen christlichen Lebensstil eingeführt werden können.

Gibt es in einer Gemeinde mehrere Menschen, die etwa zum gleichen Zeitpunkt neu zum Glauben an Gott gefunden haben (unter Umständen nach einer missionarischen Veranstaltung), so würde es sich anbieten, diese Menschen nicht in bestehende Gruppen einzugliedern, sondern mit ihnen – über einen begrenzten Zeitraum – eine gesonderte Gruppe zu bilden. In dieser Gruppe sollten nun Grundfragen des Glaubens in Theorie und Praxis behandelt werden. Hier kann Gemeinschaft praktisch erlebt werden und Beziehungen können wachsen.

Ist es ein einzelner Mensch, der neu in eine Gemeinde kommt, so wäre die sogenannte „Zweierschaft" eine gute Hilfe. Ein erfahrener Christ übernimmt Verantwortung für diesen neu im Glauben stehenden Menschen und trifft sich regelmäßig mit ihm. Er bespricht mit ihm die Grundfragen des Glaubens, läßt sich berichten, wie es ihm mit der Umsetzung in die Praxis ergangen ist, unterstützt, ermutigt, tröstet und bietet seine Gemeinschaft an. Allerdings ist es dann ratsam, daß dieser „Neue" zusätzlich in einer Kleingruppe, einem Hauskreis oder ähnlichem weitere Gemeinschaft findet.

Was gehört nun zu den Grundlagen des Glaubens, zu den Dingen, die am Anfang eingeübt werden müssen, um später alltägliche Praxis zu werden?

## Eine Liebesbeziehung zu Gott pflegen

Wenn wir Glauben im Sinn von „sein Herz an Gott hängen" verstehen, so ist ganz klar, daß Glaube in erster Linie eine Beziehungssache ist. Gemeint ist die Beziehung zu dem dreieinigen Gott. Diese Beziehung muß – wie alle Beziehungen – eingeübt und gepflegt werden. Dazu sind vor allem am Anfang des Glaubens „Rituale" nötig, ähnlich wie in der Phase der Kindheit. Mit anderen Worten ausgedrückt: Ich brauche eine gewisse Ordnung, ich muß z.B. in meinem Tagesablauf Zeit einplanen, die ich allein mit Gott verbringen will – eine Zeit der Stille, des Nachdenkens und Betens.

Glaube kann nicht nur in der Gemeinschaft gelebt werden. Es ist wie mit einer Beziehung zwischen zwei Liebenden. Zwischen ihnen wird nie eine tiefe Beziehung entstehen, wenn sie sich immer nur zusammen mit anderen treffen, aber sich nie Zeit für ihre Zweierbeziehung nehmen. So ist das auch mit der Beziehung zu Gott. Sie braucht die Stille, um vertieft zu werden, um Intimität zu gewinnen. Deswegen ist für mich ein wesentlicher Aspekt dieser Zeit der Stille, daß ich mir die Gegenwart Gottes bewußt mache und mir seine Liebe immer wieder neu ins Bewußtsein bringe. Hin und wieder sollte ich ihm auch sagen, daß ich ihn liebe, vielleicht in einem Lied wie: „Ich will dich lieben, meine Stärke ...“.

Das Lob Gottes gehört in diese Zeit der Stille, der Dank, aber auch all die Dinge, die mir Sorgen machen, wo ich Hilfe brauche. Auch das, was ich nicht verstehe, kann ich Gott sagen. Nur so wird „Ur-Vertrauen“ zu Gott wachsen, das auch am Anfang des Kinderglaubens steht. Aus dieser Vertrauensbeziehung, aus der Stille vor Gott, schöpfe ich Kraft für den Tag, Kraft für mein Leben.

## Befreit leben

Oft steht am Anfang des Glaubens ein Schuldbekenntnis. Ein Mensch erkennt, daß er falsche Wege gegangen ist, die ihn von Gott weggeführt haben. Er hat unter Umständen konkrete Schuld auf sich geladen, durch die er anderen Menschen geschadet hat. Dieses Schuldbekenntnis ist eine Sache zwischen ihm und Gott. Doch kann es eine große Hilfe sein, diese Schuld auch vor einem anderen Menschen auszusprechen, der ihm zuhört und ihm dann in Jesu Namen Vergebung zuspricht, ihn daran erinnert, daß gerade dafür Jesus am Kreuz gestorben ist. Das wäre gut und wichtig. Denn dann gibt es etwas, woran er sich erinnern kann, worauf er zurückgreifen kann, wenn alte Schuldgefühle wieder hoch kommen: Dort hat mir ein Mensch die Vergebung Gottes zugesagt – und das gilt! Offen bleibt, was er an konkreter Schuld, die er anderen zugefügt hat, wiedergutmachen kann. Wo dies möglich ist, sollte er es tun.

Aber Tatsache ist, daß wir Menschen immer wieder neu schuldig werden, das bleibt nicht aus. Wenn wir die Menschen betrachten, die uns die Bibel schildert, finden wir uns da in „guter Gesellschaft“. Selbst David, der Geliebte Gottes, ist nicht frei von Schuld. Deswegen gehört in die Stille vor Gott auch, ihm die Dinge zu sagen, die im Leben nicht in Ordnung sind und sich immer wieder seine Vergebung zusprechen zu lassen. Man sollte nicht verzweifeln, wenn es immer wieder die gleichen Dinge sind. Sieben Mal siebzig Mal (also unendlich) soll man seinem Bruder vergeben – sagt Jesus. Glauben wir nicht, daß Gott selbst die gleiche Vergebungsbereitschaft zeigt?

## Wer ist dieser Gott?

Wenn ein Mensch seinen Weg mit Gott gehen soll, muß er wissen, wer dieser Gott ist, er muß Gott kennenlernen. Dem kleinen Kind hat man Geschichten von Gott erzählt, hat ihm seine Fragen beantwortet. Ein Erwachsener kann durch „Eigenstudium" Gott kennenlernen, denn wer Gott ist und wie er ist, steht auf allen Seiten der Bibel. Ein Erwachsener kann die Geschichten selbst lesen. Eine Empfehlung ist, einfach einmal die Bibel von vorn bis hinten durchzulesen – auch wenn man nicht alles versteht. Gut wäre es natürlich, es gäbe einen „Paten" (wie bei der Taufe), der einem manches erklären kann.

Vielleicht muß jemand sein Bild von Gott revidieren. Jeder hat im Hinterkopf schon Bilder von Gott, Bilder aus der Kindheit, Bilder, die vielleicht aus dem Religionsunterricht stammen oder aus Büchern oder von Gottesdiensten, in die er als Kind mitgenommen wurde. Vielleicht spuken in seinem Kopf auch noch Worte aus Kindertagen herum, wie „wenn das der liebe Gott sieht, dann ist er aber böse". Es ist gut, sich diese Bilder bewußt zu machen und zu prüfen: Stimmen sie mit dem überein, was in der Bibel über Gott geschrieben steht?

Wichtig bei diesem Kennenlernen Gottes ist, daß nicht einzelne Bibelstellen aus dem Zusammenhang gerissen und zu Rate gezogen werden, sondern daß in größeren Zusammenhängen gedacht wird. Wie erfährt das Volk Israel Gott beim Durchzug durch die Wüste und der Eroberung des Landes? Viele sehen im Alten Testament nur den grausamen, den strafenden Gott. Liest man einmal das ganze Buch Exodus im Zusammenhang, muß man sagen: Schon hier erzeigt sich Gott als der erbarmende Gott. Er bestraft zwar immer wieder Ungehorsam, aber letztendlich verliert er nicht die Geduld mit diesem aufmüpfigen, murrenden Volk, sondern erbarmt sich immer wieder neu und wendet sich ihm zu. Es zeigt sich schon dort, daß Gott Heil für sein Volk will und nicht Verderben. Gerichtsworte stehen nie ohne neue Verheißungsworte.

Aus der Bibel kann man aber nicht nur herauslesen, wer Gott ist. Dort findet man auch, was Gott vom Menschen erwartet. Viele fragen nach dem Willen Gottes. Der grundsätzliche Wille Gottes – das, was der Mensch tun soll, wie er sich verhalten soll – steht bereits in der Bibel. Es wird ein nie endendes Lernprogramm sein, das, was dort steht, in die Tat umzusetzen – vor allem in die Tat der Liebe.

## In Gemeinschaft leben

Die Beziehung zu Gott kann man nicht *nur* in der Gemeinschaft leben, habe ich behauptet. Doch das andere gilt ebenso: Man kann seinen Glauben auch nicht *ohne* Gemeinschaft leben. Welche Art von Gemeinschaft brauchen Menschen in den unterschiedlichen Phasen ihres Glaubensweges?

### *a) Einen Begleiter haben*

Es ist gut, am Anfang seines Glaubenslebens einen Menschen zu haben, der erfahrener ist als man selbst, und der einen auf der ersten Wegstrecke seines Glaubenslebens begleitet – sozusagen einen „Paten", wie ihn Kinder bei der Taufe bekommen.

In unserer Lebensgemeinschaft, in der junge Erwachsene für ein Jahr mitleben können als eine Art Lebensschule, bekommt jeder einen Begleiter (oder Begleiterin), mit dem er etwa einmal im Monat ein Gespräch führt. In diesen Gesprächen geht es im großen und ganzen darum, das eigene Leben zu überdenken und die Spuren Gottes darin „lesen" zu lernen. Es geht eigentlich um ganz einfache Fragen wie: Was ist in den letzten Wochen gewesen? Was war gut? Wo ist Klärung notwendig? Wo ist Veränderung notwendig? Welche Fragen in bezug auf den Glauben sind aufgetaucht? Wie sind die Beziehungen zu den anderen? Wie sieht die Beziehung zu Gott aus?

Es geht aber auch darum, nächste Schritte zu überlegen, Herausforderungen anzunehmen. Was soll als nächstes eingeübt werden? Das könnte zum Beispiel sein: Lernen, die Bedürfnisse anderer besser wahrzunehmen – oder umgekehrt: meine eigenen Bedürfnisse besser wahrzunehmen und formulieren zu können. Oder herauszufinden, welche Aufgaben jemand übernehmen könnte.

Zu der Aufgabe des Begleiters gehört zu hinterfragen, in bestimmten Fällen auch zu ermahnen und in Entscheidungssituationen zur Entscheidungsfindung zu verhelfen (aber nicht die Entscheidung für den anderen zu treffen!). Da es gut ist, die eigene Schuld nicht nur vor Gott zu bekennen, sondern immer wieder einmal vor einem Menschen, kann der Begleiter jemand sein, der sich dafür zur Verfügung stellt und die Vergebung Gottes zuspricht. Der Begleiter sollte selbst ein Beter sein, der für und mit diesem Menschen, den er begleitet, betet.

### *b) Leben in einer „Familie Gottes"*

Eine zweite Art von Gemeinschaft, die eigentlich jeder Christ braucht, die aber für einen Menschen, der seinen Glaubensweg erst beginnt, „überlebensnotwendig" ist, ist eine Gruppe von Menschen, die mit auf dem Weg sind, eine Gruppe, in der das Leben in der Familie Gottes konkret erfahrbar wird.

Damit das geschehen kann, gibt es bestimmte Voraussetzungen. Das ist zum einen die Größe. Um wirklich als eine Art „Familie" leben zu können, sollte die Gruppe nicht mehr als 12 bis 15 Personen umfassen. Und es sollte klar sein, wer dazugehört und wer nicht. Es sollte also keine offene Gruppe sein (die muß es an anderer Stelle auch geben). Wer dazu gehört, sollte regelmäßig da sein und sich entschuldigen, wenn er nicht kommen kann. Das hat nicht so sehr etwas mit Gesetzlichkeit zu tun, sondern vielmehr damit, daß einer dem andern wichtig ist und daß man sich gegenseitig ernst nimmt. Wenn jemand unentschuldigt fehlt, dann weiß man, daß irgendetwas nicht stimmt und es notwendig ist, nach ihm zu schauen.

Inhaltlich sollte in solch einer Gruppe neben dem Programm auch Zeit für persönliche Begegnung sein. In einer Familie kümmert man sich umeinander und weiß voneinander. Es muß deshalb Raum geben für den persönlichen Austausch, für das Gebet füreinander, aber auch für Geselligkeit. Es empfiehlt sich deshalb, genügend Zeit für die Treffen einzuplanen, möglichst mit gemeinsamem Essen. Die Beziehungen untereinander sollten sich auch nicht nur auf einen Abend pro Woche beschränken. Gelegentlich kann man auch einen Sonntag zusammen verbringen oder sich in ganz praktischen Alltagsdingen helfen. In solch einer Gruppe wird ein Stück Heimat erfahren, man fühlt sich aufgehoben und geborgen – Familie Gottes wird erfahrbar.

In einer solchen Gruppe kann es gut sein, über einen bestimmten Zeitraum hinweg immer wieder mal ein ganz gezieltes „Wachstumsprogramm" einzuplanen. Als Themen dafür eignen sich zum Beispiel: Einübung in verschiedene Formen des Gebets; seine Gaben entdecken; sich gegenseitig vergeben; Umgang mit der eigenen Sexualität und vieles mehr. An einem Abend wird das Thema inhaltlich dargelegt, und es findet ein Austausch statt, wie das Thema in die Praxis umgesetzt werden kann. An einem der nächsten Abende sollte man noch einmal darüber sprechen und fragen, welche Erfahrungen die einzelnen mit der praktischen Umsetzung gemacht haben und wo es vielleicht Schwierigkeiten gab. So kommen Theorie und Praxis zusammen. Eine der Schwierigkeiten in unseren Gemeinden ist, daß zwar viel theoretisch gelehrt wird, aber es kaum Möglichkeiten gibt, das Gehörte in die Praxis umzusetzen und es miteinander einzuüben. Appelle allein nützen wenig – gelebtes Beispiel, gemeinsames Einüben führen erst zur Umsetzung des Gehörten in die Praxis.

### *c) Für andere da sein*

Die dritte Art von Gemeinschaft besteht darin, daß jemand anfängt, sich selbst um andere zu kümmern, für andere Verantwortung zu übernehmen. Es ist eine Tatsache, daß gerade Menschen, die neu zum Glauben gekommen sind, noch die besten

Kontakte haben zu Menschen, die dem Glauben fernstehen. So könnte einer, der neu zum Glauben gekommen ist, sich fragen: Wem kann ich die Liebe Gottes nahe bringen? Wer braucht meine Hilfe? Wem will ich meine Freundschaft schenken? Wer braucht ein gutes Wort?

Meines Erachtens sollte das Hand in Hand gehen: Jemand zu sein, um den sich andere kümmern, der begleitet wird, aber gleichzeitig selbst den Auftrag Jesu wahrnehmen und sich um andere kümmern – die Menschen sehen, die „unter die Räuber gefallen sind“ und ihnen helfen.

Diese dritte Art von Gemeinschaft wird im nächsten Kapitel noch eine größere Rolle spielen, wenn es darum geht, was es heißt, ein „Jüngling“, sprich ein junger Mann oder eine junge Frau im Glauben zu sein.

Wenn wir die Schritte betrachten, die ein „Kind im Glauben“ geht, stellen wir fest, daß diese Schritte dem ähneln, was ein wirkliches Kind oder ein Jugendlicher mit seinem Glauben erlebt: Vertrauen zu Gott fassen; Gott kennenlernen; erfahren wer und wie Gott ist; durch „Rituale“ eine geistliche Lebenspraxis einüben und Erfahrungen im Glauben machen; einen eindeutigen Lebensstil einüben, der mehr und mehr vom Willen Gottes bestimmt wird; begeistert sein von der Beziehung zu Gott; sich aufgehoben fühlen in einer Gemeinschaft. Das alles gehört zur „Muttermilch“ des Glaubens. Damit steht das Christsein auf einem guten Fundament. Trotzdem sind weitere Schritte im Glaubensleben vorgesehen und möglich.

# 9. Ein Kämpfer werden

Im ersten Johannesbrief schreibt Johannes an die Gemeinden in Kleinasien (1. Johannes 2,12–14): „Liebe Kinder ... Ich schreibe euch Vätern ... Ich schreibe euch jungen Männern ...“ Es ist wohl die markanteste Stelle im Neuen Testament, in der beschrieben wird, daß es unterschiedliche „Lebensalter“ des Glaubens gibt, und daß jedes „Alter“ seine besondere Aufgabenstellung hat. Eine ähnliche Stelle gibt es im Hebräerbrief (Hebräer 5,12–14). Es ist noch an vielen anderen Stellen der Bibel vom Wachstum des Glaubens die Rede. In diesen beiden Texten wird die Unterteilung jedoch am deutlichsten fomuliert.

Den „Kindern im Glauben“ wird zugeordnet, daß sie die Anfangsgründe des Glaubens zu lernen haben, wie im letzten Kapitel beschrieben wurde. Dabei ist deutlich geworden, daß diese ersten Glaubensschritte durchaus dem gleichen, was wirkliche Kinder oder Jugendliche mit Gott erleben, wenn sie von klein auf in den Glauben hineinwachsen. Gibt es diese Entsprechung auch bei der nächsten Glaubensphase, der Phase der „jungen Männer“? Das vergleichbare Lebensalter wäre das der jungen Erwachsenen und das Erwachsenenalter. Als Lebensaufgaben für diese Altersgruppen wurde unter anderem genannt: Sich engagieren; etwas in dieser Welt tun; Sorge tragen für die nächste Generation; seine Berufung finden. Parallelen zu den „jungen Männern“ im Glauben sind da nicht schwer zu entdecken.

## Kämpfe den guten Kampf des Glaubens

Schauen wir in den beiden oben genannten Texten nach, was dort zu den „jungen Männern“ gesagt wird, so sehen wir, daß es auch dort darum geht, sich für etwas einzusetzen. Allerdings wird für das „Sich-Einsetzen“ ein wesentlich stärkeres Wort gebraucht, nämlich „Kämpfen“. „Jünglinge“ im Glauben sind Kämpfer. „Kämpfe den guten Kampf des Glaubens“, schreibt Paulus als geistlicher Vater an den jungen Mann Timotheus (1. Timotheus 6,12). Oder im oben zitierten Text aus dem Johannesbrief heißt es: „Ich habe euch jungen Männern geschrieben; denn ihr seid stark, und das Wort Gottes bleibt in euch, und ihr habt den Bösen überwunden.“ Wie überwindet man den Bösen? Den Bösen oder das Böse überwindet man nur durch Kampf, indem man sich mutig dem Feind entgegenstellt, die Stärke, die man besitzt, für diesen Kampf einsetzt. Den „jungen Männern“ (oder jungen Frauen) wird offenbar zugetraut, daß sie diese Stärke besitzen.

Wenn ich diese Aussagen des Neuen Testamentes in unsere heutige Zeit übertrage und mir die Personengruppe vorstelle, die in diesen Texten angesprochen wird, Männer und Frauen, die bereits einige Zeit im Glauben stehen und keine Anfänger mehr sind, dann fällt es mir schwer, diese „Kämpfer“ wiederzufinden. Mir fallen da die vielen Hauskreise ein, die vor allem mit sich selbst beschäftigt sind. Eine ältere Christin sagte einmal: „Die Christen heute sind fromm, aber faul.“ Es ist nicht zu übersehen, daß es viele Christen gibt, die sich in ihrer Gemeinde einsetzen und dafür sorgen, daß es in der Gemeinde gut läuft. Aber wirklich für eine Sache kämpfen, ein kämpferisches Christsein leben – wer tut das? Das sind nur sehr wenige. Aber woran mag das liegen?

Wenn ich an unsere deutsche Geschichte denke, so hat sie mit dazu beigetragen, daß bei uns der Begriff Kampf in Verruf gekommen ist. Schon einmal wurde für die falsche Sache gekämpft – mit verheerendem Ergebnis. Ende der sechziger Jahre haben sich die Studenten aufgemacht, um für einen besseren Staat zu kämpfen – sie haben entweder resigniert oder sind ins Kriminelle abgeglitten, weil sie ihrer Meinung nach nicht das erreicht hatten, was sie wollten. Auch unser Wohlstand fördert das Kämpfen nicht gerade. Wenn es ums Überleben geht, kämpft wahrscheinlich jeder, aber Wohlstand, so schreibt Paul Tournier, „führt zu blasierter Langeweile“ (in: Die Jahreszeiten unseres Lebens, Gütersloher Verlagshaus 1983).

Wofür soll man auch kämpfen? Da liegt meines Erachtens der Hauptgrund für die „blasierte Langeweile“. Es fehlen die Ziele, für die man sich einsetzen könnte. In unserer heutigen Gesellschaft scheint es doch alles zu geben. Der Wiederaufbau nach dem

Krieg ist schon lange abgeschlossen. Es ist für alles gesorgt. Der Wohlstand ist kaum mehr zu steigern, wie wir mehr und mehr erkennen müssen. Wir sind an den Grenzen des Wachstums angelangt. Wofür soll man sich da noch einsetzen? Aber ohne ein Ziel vor Augen wird niemand zum Kampf bereit sein, Kampf ohne Ziel ist destruktiv. Allerdings erleben wir heute auch eine fehlgeleitete Form des Kampfes, nämlich dort, wo Jugendliche in blinder Aggression Dinge zerstören, nur um etwas zu erleben.

Doch gibt es wirklich keine Ziele mehr? Vor einiger Zeit kam ich ins Gespräch mit dem Personalchef einer großen Firma. Er erzählte mir, daß seine Firma gezwungen sei, Personal abzubauen. Zu diesem Zweck engagierte die Firma einen Unternehmensberater, der ihnen helfen sollte, den Personalabbau sinnvoll zu gestalten. Dabei kam die Rede auf einen behinderten Mitarbeiter. Der Unternehmensberater riet: „Schauen Sie, daß Sie den loswerden." Der Personalchef antwortete: „Aber ich kann den Mann doch nicht einfach entlassen." „Ach wissen Sie was", meinte der Berater, „setzen Sie ihn einfach zwei Wochen allein in ein Zimmer und geben Sie ihm keine Arbeit. Dann ist der weg."

Was in mir vorging, ist am besten mit einem umgangssprachlichen Ausdruck zu beschreiben: „Mir ging das Messer in der Tasche auf." Ich war empört. Für mich ist an dieser Stelle Kampf angesagt, Kampf um Menschenwürde, Kampf gegen Menschenverachtung, Kampf dagegen, daß allein Geld unser Handeln bestimmt und Menschen mit Füßen getreten werden. Daß eine Firma rentabel arbeiten muß, ist keine Frage – aber erlaubt das, so mit Gottes Geschöpfen, mit Gottes Geboten umzugehen?

Wo es um die Würde des Menschen geht, darum daß den Schwachen geholfen wird, wie Jesus es gewollt hat, findet man auch heute noch viele Möglichkeiten, wofür man sich einsetzen und kämpfen kann. Oder wo es darum geht, die Hungrigen zu speisen, die Nackten zu kleiden, den Fremden Heimat zu bieten, die Gefangenen zu besuchen, da sind Aufgaben genug, wo zupackende Hände benötigt werden.

## Einen neuen Blick bekommen: Weg von sich – hin zu anderen

Um zu erkennen, für welche Ziele sich ganzer Einsatz lohnt, ist eines notwendig: Wir müssen einen neuen Blick bekommen. Wir müssen lernen zu sehen, was für *alle* Menschen gut ist, und nicht nur, was für uns selbst gut ist. Diese Art zu sehen, gehört zum Erwachsenenalter. Ein Kind darf noch zuerst auf das schauen, was es braucht. Ein Erwachsener muß aber lernen, von sich weg zu sehen und Verantwortung für ein größeres Ganzes, für „die Welt" zu übernehmen. Im letzten wird es immer ein Kampf um Menschen – ein Einsatz für Menschen – sein, um ihr leibliches, seelisches und geistliches Wohl. Wir müssen dafür Sorge tragen, daß sie den Grund finden, der ihr Leben trägt und hält, daß sie Gott kennenlernen als den, dem sie vertrauen können.

Es ist aber nicht nur ein Kampf für Menschen, es ist auch ein Kampf gegen das Böse, gegen das Lebenvernichtende und Zerstörerische. Ein Kampf gegen die Übermacht des Geldes und gegen andere „Götter". Wir können diesen Kampf wagen, weil wir nicht aus eigener Kraft kämpfen müssen, sondern mit der Kraft Jesu Christi, der den Bösen schon besiegt hat. Wir sind stark – nicht aus eigener Kraft, sondern aus der Kraft, die in den Schwachen mächtig ist. Wir sind stark, weil das Wort Gottes, Gott selbst, in uns wohnt und uns Kraft und Stärke gibt.

## Leiden aushalten – in Schwierigkeiten durchhalten

Leiden aushalten – in Schwierigkeiten durchhalten, das sind ungewohnte Worte in unserer heutigen Zeit. Alles haben können, immer gut drauf sein, das würde uns viel besser gefallen. Leider ist das nicht die Wirklichkeit des Glaubens, wie ihn uns die Bibel schildert. Natürlich gibt es gute Erfahrungen mit Gott, gibt es Gebetserhörungen und wir dürfen in besonderen Augenblicken Gottes Nähe als Geschenk erfahren. Aber es ist kein Dauerzustand. „Leide mit als ein guter Streiter Christi Jesu", schreibt Paulus an Timotheus (2. Timotheus 2,3).

Es scheint ja oft so, daß Gott mit Anfängern im Glauben besonders gnädig umgeht. Er läßt sie seine Wunder erfahren, er erhört Gebete oft sehr direkt und unmittelbar und führt sie durch deutliche Zeichen. Aber schon oft haben mir Menschen, die schon eine längere Wegstrecke mit Gott gegangen waren, gesagt: „Am Anfang meines Glaubens habe ich viele Zeichen von Gott bekommen. Aber wenn ich jetzt um ein Zeichen für eine bestimmte Entscheidung bitte, tut sich nichts. Es scheint, als ob Gott schweigt."

Wir denken, Gott schweigt. Vielleicht ist es aber nur so, daß Gott uns nicht mehr wie Kinder behandelt, die eine deutliche Führung nötig haben. Auf der Wegstrecke mit ihm haben wir bestimmte Maßstäbe verinnerlicht, haben wir viel darüber gelernt, was Gott möchte und was nicht, was Gut und was Böse, was Recht und was Unrecht ist. Auf dieser Grundlage sind wir mehr und mehr in der Lage, selbst Entscheidungen zu treffen.

Gott geht unserem Alter entsprechend mit uns um. Natürlich kann es sein, daß Gott auch reifen Christen in wichtigen Entscheidungen ein Zeichen schenkt, natürlich erleben auch reife Christen die Wunder Gottes und direkte und unmittelbare Gebetserhörungen. Aber es geschieht doch seltener als bei den „Kindern im Glauben". Sicherlich folgert daraus kein festgefügtes Schema. Es ist nur eine Beobachtung, die mich zum Nachdenken gebracht hat.

Doch Leiden aushalten und in Schwierigkeiten durchhalten, ist mehr als der Eindruck, daß Gott schweigt. Es geschehen Dinge, die man nicht versteht. Gebete werden – scheinbar – nicht erhört. Beispiele dafür kennt sicher jeder genug. Zum Leiden gehören auch solche schwerwiegenden Fragen wie: Warum läßt Gott zu, daß bei einem Erdbeben Tausende von Menschen umkommen? Oder: Warum läßt Gott zu, daß ein 31-jähriger junger Mann, Vater von zwei kleinen Kindern, am Arbeitsplatz plötzlich mit Herzversagen tot umfällt? Antworten gibt es da keine mehr.

Es gibt Leid und Tod in dieser Welt – und Gott nimmt auch Christen nicht davon aus. Dies zu akzeptieren und im Glauben anzunehmen, auch wenn wir es nicht verstehen, gehört zum Erwachsen-Werden. Es fällt uns außerordentlich schwer, diese

Realität des Lebens anzunehmen – aber es ist eine Realität, ob wir es wahrhaben wollen oder nicht. Wir können uns dagegen auflehnen, doch an der Tatsache wird sich nichts ändern. Wir leben in einer gefallenen Schöpfung und noch nicht im Paradies. Im erwachsenen Glauben muß sich das „Dennoch" des Glaubens bewähren.

„Dennoch bleibe ich stets an dir" (Psalm 73,23). Im „Glaubensalter" der „jungen Männer" (und Frauen) erlebt der Glaube eine Bewährungsprobe: Gleicht der Glaube eher einem Strohfeuer, und glaube ich nur, wenn Gott alle meine Wünsche erfüllt, wenn mir der Glaube dazu verhilft, daß ich mich wohl fühle? Oder ist mein Glaube bedingungslose Hingabe, ein volles Vertrauen in Gott, das auch Krisenzeiten überdauert? In Anfechtungen und Leiden wird sich zeigen, auf welchem Fundament mein Glaube steht. Überdauert er Krisen und Anfechtungen, so werde ich gestärkt daraus hervorgehen. „Ich möchte nicht bitter werden", sagte die junge Frau, deren Mann plötzlich am Arbeitsplatz tot umfiel und sie von heute auf morgen mit zwei kleinen Kindern und ohne ausreichende finanzielle Versorgung allein dastand.

„Selig ist der Mann (und die Frau), der die Anfechtung erduldet; denn nachdem er bewährt ist, wird er die Krone des Lebens empfangen, die Gott verheißen hat denen, die ihn liebhaben", schreibt Jakobus (Jakobus 1,12). Wenn wir diesen Satz hören, denken wir sofort an ewiges Leben. Spötter würden vielleicht sagen: „Typisch, Vertröstung auf ein besseres Jenseits." Ich denke, daß die volle Erfüllung dieser Verheißung sich sicher erst im Jenseits vollzieht, aber durchaus schon hier und heute anfängt. Krone des Lebens, das könnte ausdrücken: Versöhnt leben – im Frieden leben – mit sich, mit Gott, mit den Lebensumständen und mit den Menschen um sich her.

Dieses Akzeptieren von schwierigen Lebensumständen steht für mich nicht im Gegensatz zum Kämpfen. Den Kampf wagen bei den Dingen, wo man etwas ändern kann. Sich aussöhnen mit den Dingen, die man nicht ändern kann. Das heißt: Nicht in permanenter Auflehnung gegen die Lebensumstände leben, nicht in Bitterkeit und ständiger Unzufriedenheit, sondern leben mit einer tiefen Lebensfreude, die auch im Leid nicht verlorengeht. Wir alle kennen sicher Menschen, die dafür ein Beispiel sind. Doch damit sind wir schon etwas in die Weisheit des Alters hineingeraten.

## Mündig werden

Ein weiteres Stichwort im Zusammenhang des Erwachsen-Werdens im Glauben heißt: Mündig werden. Bei Paulus lautet die Zielangabe so: „... bis wir alle hingelangen ... zum vollendeten Mann, zum vollen Maß der Fülle Christi, damit wir nicht mehr unmündig seien und uns von jedem Wind einer Lehre bewegen und umhertreiben lassen ...“ (Epheser 4,13.14).

Glauben im Jugendalter beinhaltet: Sich an Autoritäten ausrichten, sich mit einer Gruppe, einer Gemeinschaft von Christen, identifizieren ohne alles zu hinterfragen. Etwas vereinfacht formuliert: Glauben, was die Gruppe glaubt. Das ist nötig, um zu verinnerlichen, was es heißt, im Glauben zu leben. Wer dies verinnerlicht hat, gewinnt ein Fundament im Glauben und kann jetzt einen Schritt weitergehen.

Der Schritt heißt: Unabhängiger werden von anderen Menschen, eigenständiger werden im Glauben. Dazu gehört, daß jemand seine eigene Form findet, wie er seinen Glauben leben will, daß er nicht alles ungefragt übernimmt. Er soll sich nun nicht mehr hinter anderen verstecken und sagen: „In unserer Gemeinschaft glaubt man ...“, sondern mit Überzeugung formulieren: „Ich glaube, daß ...“

Das heißt nicht, daß die Ausrichtung an Autoritäten, an geistlichen Vätern und Müttern, und die Zugehörigkeit zu einer Gemeinde oder Gemeinschaft aufgegeben werden soll. Doch Mündigwerden heißt, daß jemand sich eine eigene Meinung bildet, einen eigenen Stand gewinnt und nicht einfach übernimmt, was andere vorgeben.

In der Theorie klingt das sehr gut. Die Praxis dürfte etwas schwieriger sein. Mündigwerden, Erwachsenwerden im Glauben, hat nämlich bestimmte Konsequenzen. Zuerst muß man die Arbeit auf sich nehmen und sich informieren. Man muß lernen,

Dinge zu beurteilen: Sind neue Glaubenserfahrungen, die andere machen, Irrlehren, oder ist es nur eine andere Ausprägung des Glaubens, die durchaus mit der Bibel übereinstimmt? Welche ethischen Maßstäbe, die heute in der Gesellschaft „normal" sind, kann ich übernehmen, welche kann ich tolerieren und welche nicht mehr? Welche Bücher beurteile ich wie? Die Reihe der Beispiele ließe sich noch lang fortsetzen.

„Prüfet alles", sagt Paulus, „und das Beste behaltet". Dieses Prüfen ist mit Arbeit und Mühe verbunden. Es ist doch viel einfacher, sich von anderen sagen zu lassen, was in Ordnung ist und wovor man sich hüten soll. Eigene Entdeckungen wird man bei dieser Lebensweise aber kaum machen, der eigene Horizont hat wenig Chancen sich zu erweitern. Entwicklungen im Glauben werden dadurch oft verhindert.

Sich informieren heißt, sich auf Neues und Unbekanntes einzulassen. Viele Christen und viele christliche Gruppen scheuen sich davor. Das Altbewährte ist das Sicherste und bringt einen nicht in Schwierigkeiten. Neues kann einen durchaus in Schwierigkeiten bringen. Man muß sich in Frage stellen lassen mit dem, was man bisher gelebt hat. Das macht uns meistens Angst. Es tauchen Fragen auf wie: Sollte das nicht gut gewesen sein, was ich seither geglaubt habe? War es gar falsch? Und wenn das nicht stimmt, vielleicht stimmt das Ganze mit dem Glauben nicht? Bei manchen macht sich ein Gefühl der Angst breit, sie glauben, wenn man an einem Stein des Glaubensgebäudes rüttelt, besteht die Gefahr, daß das ganze Haus zusammenfällt.

## Die eigene Glaubensgeschichte annehmen – einen eigenen Glaubensweg weitergehen

Beim Erwachsenwerden im Glauben geht es nicht darum, das Altbewährte über Bord zu werfen. Es geht vielmehr darum, Ausschau zu halten, ob es andere Erfahrungen im Glauben gibt, die man selbst noch nicht kennt und die den eigenen Glauben vertiefen und reicher machen könnten oder ihn vielleicht auch ganz neu beleben würden. Es geht darum, unter Umständen neue Formen zu finden, wie man seinen Glauben leben kann, weil man vielleicht – möglicherweise nur zum Teil – aus den alten Formen herausgewachsen ist, so wie ein Kind aus alten Kleidern herauswächst. Es geht also darum, daß jemand zu seiner bisherigen Glaubensgeschichte ja sagt und akzeptiert, daß sie zu ihm gehört und nun mit dieser Geschichte im Gepäck seinen weiteren Weg wählt.

Diese Suche nach einem eigenen Glaubensweg könnte eine weitere Konsequenz haben. Angenommen, jemand gehört zu einer christlichen Gemeinschaft, die sehr einheitlich geprägt ist. Es ist für alle Mitglieder klar, welchen Weg im Glauben man geht und welche Wege man ablehnt. Wenn nun jemand aus dieser Gemeinschaft mit neuen Ideen kommt oder manches, was in der Gemeinschaft gelebt wird, hinterfragt oder gar Kritik übt, wird das sicher nicht unbedingt freundlich aufgenommen. Er muß damit rechnen, auf Ablehnung zu stoßen.

Jeder, der schon einmal auf christlichen Tagungen war, kennt dieses Phänomen: Da kommt man begeistert und voll mit neuen Ideen von einer Tagung zurück. Man hat die Erwartung, die anderen müßten diese Ideen ebenso begeistert aufnehmen, doch die lächeln nur milde und sagen: „Kennen wir alles, wir waren schließlich auch schon auf solchen Tagungen. Jetzt pendel erst einmal aus.“ Der Rat zum Auspendeln ist nicht schlecht. Schließlich sollte niemand im ersten Überschwang der Begeisterung alles umkrempeln. Deswegen geben wir jungen Menschen, die bei uns auf Tagungen sind, oft den Rat: Ändert nichts in den ersten vierzehn Tagen. Schaut erst, was wirklich bleibt. Prüfet alles …

Nehmen wir aber an, jemand hat wirklich neue Schritte im Glauben gemacht und diese haben sich verfestigt, die Gruppe aber will davon nichts wissen. Da kann es schwierig werden für diesen Menschen. Er kann das Gefühl bekommen: Ich gehöre nicht mehr dazu – und das ist schwer auszuhalten. Man möchte doch dazu gehören. Man möchte sich in einer Gruppe aufgehoben wissen und eine Heimat finden.

Doch auch das gehört zum Reif-Werden: Spannungen auszuhalten. Die meisten Menschen haben ein großes Harmoniebedürfnis, deswegen möchte man Spannungen ganz schnell loswerden. In dem geschilderten Fall könnte man die Spannungen loswerden, indem man sich entweder der Gruppe wieder ganz anpaßt oder die Gruppe verläßt. Beide Wege halte ich für nicht gut. Sich zu einer Gruppe zugehörig fühlen, an den Menschen festhalten und trotzdem eine eigene Meinung vertreten – das ist erwachsenes Verhalten. Im Einzelfall kann es allerdings sein, daß die Spannungen so groß werden, daß ein Zusammenhalt nicht mehr möglich ist. Dann bleibt wirklich nur, die Gruppe zu verlassen.

Daß es nicht darum gehen kann, allem Neuen kritiklos hinterherzurennen („von jedem Wind der Lehre sich umhertreiben zu lassen"), steht schon in dem oben angeführten Ephesertext. Aber auf der anderen Seite bleibt festzuhalten: Wenn ich mich auf nichts Neues mehr einlasse, bleibe ich stecken, bleibe ich in meinem Glaubensleben stehen. Es gibt viele lebendige christliche Gruppen, die sich nach außen orientieren und sich nicht auf ihren Kirchturmshorizont beschränken. Sie orientieren sich an christlichen Gemeinschaften, Kommunitäten, anderen Gemeinden und ähnlichem. Wachstum braucht Impulse, braucht immer wieder Impulse von außen.

Jeder Mensch und jede Gemeinschaft hat ihren eigenen Erfahrungshorizont, wie man den Glauben lebt. Meistens gibt es darin bestimmte Betonungen, aber auch bestimmte Defizite. So legen evangelische Christen im allgemeinen eine starke Betonung auf das Wort Gottes. Das ist gut so. Fehlen tun ihnen aber oft Erfahrungen im Bereich der Meditation, des kontemplativen Gebetes, des absichtslosen Zusammenseins mit Gott ohne Worte, der schweigenden Anbetung Gottes. Solche Erfahrungen sind bei katholischen Christen viel selbstverständlicher vorhanden und inzwischen auch teilweise von evangelischen Christen übernommen worden. Warum sollen wir nicht voneinander lernen und so unseren Glauben erweitern und vertiefen?

Durch tiefere Erfahrungen im Gebet zum Beispiel verinnerlichen wir unseren Glauben mehr und mehr und erkennen, wie Gott ist, wie er handelt und gewinnen dadurch ein tieferes Vertrauen zu ihm, auch wenn wir letztlich nie ganz erfassen werden, wer Gott wirklich ist – das ist unsere Grenze als Menschen.

Wenn wir Gott immer besser kennenlernen, werden wir auch immer mehr verstehen, was er von uns will und wie er sich unser Leben gedacht hat. So heißt seinen Glaubenshorizont zu erweitern keineswegs, immer „frömmer“ zu werden, in immer höheren geistlichen Regionen zu schweben und außergewöhnliche geistliche Erfahrungen zu machen. Es bedeutet vielmehr, daß der Glaube Stück für Stück vom Kopf ins Herz gelangt und seinen Ausdruck in der Tat der Liebe findet.

Wir sehen, daß der Weg zum Erwachsenwerden im Glauben kein einfacher Weg ist. Er geht manchesmal über recht unsichere Wegstrecken. Es kann sogar sein, daß er manchmal ein ziemlich einsamer Weg ist. Aber Menschen, die ihn gehen, zeigen mehr und mehr ein eigenes Profil – und Profil hat immer etwas mit Ecken und Kanten, mit markanten Formen zu tun. Mit Ecken und Kanten eckt man auch leicht an. Doch wenn man diesen Menschen abspürt, daß sie echt sind und sie überzeugend leben, wird man sie schätzen, auch wenn sie manchmal unbequem sind. Und sie werden Menschen sein, an denen sich andere orientieren – Menschen, von denen im nächsten Kapitel die Rede sein wird, sie werden geistliche Väter und Mütter.

# 10. Väter und Mütter haben Söhne und Töchter

## Eine Vorbemerkung

In diesem Kapitel ist viel von Vätern im Glauben, vom „geistlichen Vater-Sein“ die Rede. Klar sollte sein, daß hier nicht nur über Männer, sondern auch über Frauen gesprochen wird. Die Mütter im Glauben sind gleichwertig mit eingeschlossen. Der Einfachheit halber gebrauche ich nur die männliche Form, auch um die Lesbarkeit nicht zu beeinträchtigen. Die Leserinnen mögen mir dies verzeihen.

Im letzten Kapitel wurde gezeigt, daß die Einteilung von Kindern im Glauben, jungen Männern und Vätern aus dem ersten Johannesbrief übernommen wurde. Liest man nach, was dort (1.Johannes 2,12-14) über die Väter im Glauben gesagt wird, zeigt sich, daß erstaunlich wenig Aussagen über ihre Aufgaben gemacht werden. In der Hauptsache wird genannt: „Sie kennen den, der von Anfang an ist.“ Sie kennen ..., sie sind vertraut mit dem Gott, der der Erste ist und der Letzte, der Schöpfer des Himmels und der Erde. Offensichtlich ist bei den Vätern im Glauben nicht mehr so wichtig, was sie tun, sondern was sie sind, was sie leben, wie sie die Beziehung mit diesem Gott gestalten.

## Das Bild vom Vater

„Vater“ ist ja in der Tat ein Beziehungsbegriff. Vater kann nur jemand sein, der ein Kind hat, der in Beziehung zu einem Kind steht. Nicht jeder von uns ist – biologisch gesehen – Vater oder Mutter, aber jeder hat einen Vater und eine Mutter. Das macht diesen Begriff zugleich problematisch. Manche Menschen verbinden mit dem Begriff „Vater“ eher Negatives als Positives, je nachdem, wie sie ihren eigenen Vater erlebt haben.

Wenn jemand ein negatives Vaterbild hat, wäre es gut, dieses Bild zu korrigieren, möglicherweise an einem anderen Vaterbild. Es wäre gut zu erkennen, daß es auch ganz andere Formen von „Vater-Sein" gibt. Im Gleichnis vom verlorenen Sohn (Lukas 15) zeigt uns Jesus so ein ganz anderes Vaterbild; er zeigt uns, wie der Vater im Himmel ist. Dieses Bild könnte uns zugleich die Richtung weisen, was es heißt, ein geistlicher Vater und eine geistliche Mutter zu werden: So zu werden wie der Vater im Gleichnis vom verlorenen Sohn. „Seid barmherzig, wie auch euer Vater barmherzig ist", sagt Jesus (Lukas 6,36). Barmherzigkeit – das zeichnet diesen Vater aus.

Doch statt zu sagen, werden wie der Vater, könnte man genausogut sagen, werden wie der Sohn. Da gibt es keinen Unterschied. „Wer mich sieht, der sieht den Vater!" (Johannes 14,9) oder: „Ich und der Vater sind eins" (Johannes 10,30), sind zwei Aussagen unter vielen, die besagen, daß Jesus und der Vater in ihrem Wesen identisch sind. Jesus ähnlicher werden, hinwachsen zu ihm, durch das Anschauen seines Bildes verwandelt werden in sein Bild – das wird an mehreren Stellen des Neuen Testamentes als das Ziel des Glaubensweges genannt.

In 2. Korinther 3,18 ist der Weg beschrieben, auf dem diese Verwandlung geschieht: „Er (Gott) aber verwandelt uns mehr und mehr in sein Ebenbild, und immer heller geben wir seinen Schein wieder. Wie sollte es auch anders sein, da doch Gottes Geist an uns wirkt" (nach Jörg Zink). Die Verwandlung geschieht nicht durchs „Machen", nicht durch eigene Anstrengung, nicht durch eigene Kraft. Gott selber, sein Geist, verwandelt uns. Sein Geist trägt in uns Früchte: Liebe, Freude, Friede, Geduld, Freundlichkeit, Güte, Treue, Sanftmut, Besonnenheit (Galater 5,22) – alles Eigenschaften, die wir mit dem Bild von einem guten Vater verbinden.

Die Verwandlung in sein Bild – das geht aus dem Zusammenhang des Textes im zweiten Korintherbrief hervor – geschieht dadurch, daß wir Gottes Herrlichkeit betrachten. Das heißt zugleich, daß wir Jesus Christus betrachten, daß wir uns der Gegenwart Gottes – der durch seinen Geist anwesend ist – aussetzen, ihm Raum geben in unserem Leben. Wer Vater im

Glauben werden will, muß in enger Beziehung mit Gott leben. Er muß Formen geistlichen Lebens finden, die diese Beziehung vertiefen. Er wird dann in seinen Gebetszeiten weniger etwas „machen“, sondern das Dasein vor Gott wird ihm in erster Linie wichtig werden. In der Stille sein vor Gott, staunen über ihn, ihn anbeten, ihn betrachten – das alles ist wichtiger als viele Worte. So wird das geistliche Leben eines Vaters im Glauben gekennzeichnet sein von Meditation und Stille.

## Wie wird man geistlicher Vater – geistliche Mutter?

Das geistliche Wachstum allein macht allerdings noch keinen Vater. Ein Vater ist nur der, der selbst Kinder hat, das wurde bereits festgestellt. Das gilt im leiblichen Sinn, aber genauso auch im geistlichen Sinn. Deshalb stellt sich die Frage: Wie kommt jemand zu geistlichen Söhnen und Töchtern?

In dem oben geschilderten Bild vom Vater ist wohl schon deutlich geworden, daß geistlicher Vater sein, nichts mit einem bestimmten Amt zu tun hat, wenig mit viel Können und viel Wissen und schon gar nichts mit Macht, Einfluß oder Kontrolle. Geistlicher Vater sein hat mit dem „Sein“ zu tun. Überzeugen wird, *wie* jemand lebt. Überzeugen wird jemand durch das, was er ist und weniger durch das, was er sagt oder tut. Lebt er echt und transparent, stimmt das, was er sagt mit dem überein, was er tut – dann lebt er überzeugend und „Söhne und Töchter“ werden ihn finden. Sie spüren, daß hier jemand ist, der ihnen helfen kann, ihr eigenes Leben zu entfalten.

Mir fallen spontan zwei Menschen ein, die für mich beeindruckende Beispiele für eine Mutter und einen Vater im Glauben sind. Die eine Person ist eine Psychotherapeutin, die ich einmal bei einem Vortrag erlebte. Der Saal war voll mit quirligen, temperamentvollen jungen Leuten. Diese Frau, sie war damals wohl etwa sechzig Jahre alt, ging ganz ruhig zum Pult, sagte die ersten drei Worte – und der Saal war mucksmäuschenstill.

Die zweite Person ist ein Mann, der kontemplativ lebt, viel Zeit mit Gott verbringt und auch äußerlich ein sehr einfaches Leben führt. Auch er spricht mit ruhiger Stimme, eher monoton, gebraucht keine rhetorischen Kunstgriffe, und doch hören ihm alle voll Aufmerksamkeit zu, gleichgültig ob er in kleiner oder großer Runde spricht. Andere Menschen spüren, daß das, was er sagt, gedeckt ist durch sein Leben.

Mancher mag bei diesen beiden Beispielen denken: „Nun ja, das sind besondere Menschen. Ich selbst werde sicher nie dahin kommen." Ich kenne beide Personen persönlich und beide würden sich selbst kaum als besondere Menschen bezeichnen. Sie wirken eher bescheiden. Es ist auch nicht meine Absicht zu sagen, so wie diese beiden Menschen müsse man werden, wenn man Vater oder Mutter im Glauben sein will. Meine Absicht ist vielmehr, ein Bild vor Augen zu führen und damit eine Richtung anzugeben, in die der Weg gehen könnte. Ohne Ziel vor Augen ist der Weg nur schwer zu finden. Aber entscheidend ist nicht, tatsächlich das Ziel zu erreichen, sondern sich in Richtung des Zieles auf den Weg zu machen.

## „Meine Kraft ist in den Schwachen mächtig"

Es ist auch ein Irrtum, daß man als Vater oder Mutter im Glauben perfekt und vollkommen sein müsse, weil man ja durch sein eigenes Leben überzeugen soll. Das Gegenteil ist der Fall. Menschen, die einen perfekten Eindruck machen, stoßen andere eher ab und entmutigen sie – „so perfekt zu werden wie dieser Mensch, das schaffe ich doch nie", denkt man.

So paradox es klingen mag: Geistliche Väter und Mütter überzeugen durch ihre Schwachheit, und zwar indem sie ihre Schwachheiten zugeben und durch ihr Leben zeigen, wie sie mit ihren Schwachheiten umgehen. Auf diese Weise können sich andere Menschen mit ihnen identifizieren. Sie merken: Er ist ein Mensch wie ich – mit Fehlern und Schwächen. Aber er zeigt mir durch sein Leben, daß man an seinen Schwachheiten nicht verzweifeln muß, sondern das Leben trotzdem bestehen kann. Er zeigt mir auch, wie man es bestehen kann. Das ist Ermutigung und nicht Entmutigung. Bei einem Menschen, der seine eigenen

Schwachheiten zugibt, muß man keine Angst haben, daß er mich und meine Schwachheiten verurteilt. Er hilft mir vielmehr dabei, meine eigenen Unzulänglichkeiten und Defizite und mich damit selbst als ganze Person anzunehmen und zu mir zu stehen.

Schwachheit wird von Gott in Stärke verwandelt. Das finden wir an vielen Stellen in der Bibel. Am eindrücklichsten vielleicht bei Paulus: „Laß dir an meiner Gnade genügen, denn meine Kraft ist in den Schwachen mächtig" (2. Korinther 12,9). Wer seine Schwachheit zugibt, der ist ein Lebenszeugnis für Gottes Gnade, denn er zeigt damit, daß Gott zu ihm als unvollkommenem und fehlerhaftem Menschen „Ja" sagt und ihn, so wie er ist, für die Arbeit in seinem Reich gebraucht.

Es ist interessant zu sehen, mit welchen Leuten Gott sein Reich baut: Mit David, dem Geliebten Gottes, der ein Ehebrecher und Mörder war, aber an dem sich alle späteren Könige messen lassen mußten und der auch der Stammvater Jesu ist. Mit Petrus, der Jesus verleugnete, aber trotzdem als der Fels bezeichnet wird, auf den Jesus seine Gemeinde bauen möchte. Mit all den anderen Jüngern, die bei Jesu Gefangennahme davonliefen, aber dann das Evangelium in die Welt trugen. Die Reihe der Beispiele ließe sich noch lange fortsetzen.

Bei Jesus selbst finden wir am eindrücklichsten, wie Schwachheit in Stärke verwandelt wird. Der am Kreuz Gescheiterte, der scheinbar nicht in der Lage ist, sich selbst zu helfen, der wird zum Retter und Herrscher der Welt. Er überzeugt durch seine Schwachheit, durch seine Wunden. Denken wir an die Geschichte mit Thomas, dem Zweifler, der nicht glauben kann, daß Jesus auferstanden ist, selbst als Jesus den Jüngern erscheint. Was tut Jesus? Er läßt den Jünger Thomas die Hände in seine Wunden legen – und da glaubt Thomas.

Geistliche Väter und Mütter sind also Menschen, die anderen erlauben, ihre Wunden zu sehen und sie zu berühren. Doch dazu gehört Mut. Wieviel lieber sind wir stark! Wenn wir Väter und Mütter im Glauben werden wollen, brauchen wir diesen Mut, schwach zu sein und diese Schwachheit auch zu zeigen – dann gilt die Verheißung, daß Gott unsere Schwachheit in Stärke verwandeln will.

## Was den geistlichen Vater ausmacht

Kehren wir noch einmal zurück zu dem Vater im Gleichnis vom verlorenen Sohn. Auch er zeigt sich schwach – er läuft dem Sohn entgegen. Ein Verhalten, das ganz und gar unter der Würde und dem Stolz eines orientalischen Vaters war. Er zeigt damit, wie sehr er auf den Sohn gewartet, wie sehr er gelitten und wie sehr es ihn „gejammert" hat. Damit ist bereits ein weiteres Merkmal eines geistlichen Vaters genannt:

– Väter und Mütter im Glauben sind Menschen, die sich betreffen lassen. Es „jammert" sie, wenn sie das Unglück anderer sehen, wenn sie sehen, wie Menschen ihr Leben zerstören, wie sie verkommen, wie ihnen Leid angetan wird. Es ist ihnen nicht gleichgültig. Wir drohen heutzutage abzustumpfen von all dem Leid, das wir tagtäglich im Fernsehen sehen. Aber es wird niemand zur geistlichen Vater- oder Mutterschaft heranreifen, wenn er sich nicht mehr von der Not anderer anrühren läßt. Natürlich kann niemand die Not der ganzen Welt lindern. Meistens wird es so sein, daß man von ganz bestimmten Nöten und notvollen Situationen besonders betroffen ist. Diesen Nöten sollte man sich dann auch zuwenden.

– Ein zweites Merkmal geistlicher Vaterschaft ist die Bereitschaft zur Vergebung. Wenn ein Mensch bereit ist, anderen Menschen zu vergeben, die an ihm schuldig geworden sind. Wer nicht bereit ist zu vergeben, der wird bitter und feindselig.

Auf Dörfern werden manchmal Geschichten erzählt, die davon berichten, was einer dem anderen angetan hat. Sie werden erzählt, als sei die ganze Geschichte erst gestern passiert. Doch fragt man nach, erfährt man, daß die ganze Sache schon zwanzig Jahre her ist. Doch die beteiligten Familien sind heute noch verfeindet und werden voraussichtlich auch noch in der nächsten Generation wegen dieser Geschichte verfeindet sein. „Da ist mal 'was gewesen", heißt es dann als Begründung, warum zwischen diesen beiden Familien Unfrieden herrscht.

Vergeben heißt nicht: Schwamm drüber, alles halb so schlimm, vergessen wir's. Vergeben heißt: Es hat mir weh getan, es hat mich verletzt, es hat mir geschadet und es war schlimm, was du mir getan hast – trotzdem will ich vergeben, will mein Recht auf Rache aufgeben, will die Sache nicht mehr zur Sprache bringen. Ich will vergeben, weil ich Gott auch „Arbeit mache mit meinen Sünden" (Jesaja 43,24), und er mir vergibt. Er fordert mich auf, meinen Mitmenschen in gleicher Weise zu vergeben. Nur aus dieser Vergebungsbereitschaft heraus kann Güte und Barmherzigkeit wachsen.

– Das dritte, was den Vater im Gleichnis auszeichnet, ist seine Großmut. Weder verlangt er vom Sohn eine Entschuldigung, noch läßt er ihn seine Schuld abarbeiten. Vielmehr nimmt er ihn in den Arm, bevor der Sohn überhaupt ein Wort sagen kann, überhäuft ihn mit Geschenken und veranstaltet ein großes Fest. Da ist nichts Kleinkariertes oder Engherziges.

Zur geistlichen Vaterschaft gehört ein weites Herz. Es gehört die Fähigkeit dazu, viel Spannung auszuhalten, viel stehen lassen zu können, ohne sofort verurteilen zu müssen. Der geistliche Vater hat Vertrauen, daß der andere seinen Weg finden wird, auch wenn im Moment vieles noch unreif und unausgegoren ist. Es ist letztlich ein großes Vertrauen in Gott, das geistlich reife Menschen wissen läßt, daß Gott, der Vater, seine Söhne und Töchter nicht aus den Augen verlieren wird.

## Väterliches und Mütterliches

Der Gott der Bibel wird von Jesus Vater genannt und als „Vatergott" ist er uns vertraut – ob im guten oder auch problematischen Sinn. Aber der Gott der Bibel hat auch mütterliche Züge: Er ist Vater und Mutter zugleich. In der Begleitung von geistlichen Söhnen und Töchtern wird – genau wie in der Kindererziehung – beides gebraucht: Väterliches und Mütterliches. Vieles, was ich oben vom barmherzigen Vater beschrieben habe, würden wir eher mütterliche Züge nennen (was schon zeigt, daß Mütterliches nicht nur bei Frauen und Väterliches nicht nur bei Männern zu finden ist): Jemanden in Liebe aufnehmen, Verständnis aufbringen, den andern so sein lassen, wie er ist, ihm

Mut zusprechen, ihn trösten und vieles mehr. Das alles sind Verhaltensweisen, die wir eher Müttern zuordnen.

Damit Kinder (geistliche und leibliche) wachsen können, darf die andere, die väterliche Seite aber nicht fehlen. Väterliche Züge sind: Einen Weg aufzeigen, Ziele vorgeben, unterweisen, an Pflichten erinnern, Widerstand entgegensetzen, zurechtweisen. Mit nur mütterlicher Begleitung würden die Kinder stehenbleiben in ihrer Entwicklung. Im warmen Nest ist es ja so schön, warum soll man hinaus in die böse Welt? Erst die väterliche Begleitung macht junge Männer und Frauen zu „Kämpfern", fordert sie heraus, in dieser Welt etwas zu bewegen, was ja im tiefsten Innern der Sehnsucht jedes Menschen entspricht und sein Leben erst zur vollen Entfaltung bringt.

In unserer heutigen Zeit kommt die väterliche Begleitung oft zu kurz, sowohl in der Kindererziehung, wie auch in der geistlichen Begleitung junger Menschen. Gewährenlassen heißt die Devise, und man meint, das sei die wahre Liebe. Oft steckt hinter diesem Gewährenlassen Unsicherheit. Aber hat Gewährenlassen nicht auch etwas mit Gleichgültigkeit zu tun? Wenn man nicht eingreift, die Dinge einfach laufen läßt, heißt das ja im Grunde: Es ist mir zu anstrengend, den anderen zu überzeugen, daß das, was er gerade tut, nicht in Ordnung ist. Soll er halt machen, was er will, er wird schon sehen, wohin das führt. Damit wird aber gesagt: Letztlich ist es mir egal, was aus ihm wird.

Wenn mir aber jemand am Herzen liegt, ist es mir nicht gleichgültig, was aus ihm wird. Dann werde ich mich mit meiner ganzen Person dafür einsetzen, daß er seinen falschen Weg erkennt. Ich werde ihn konfrontieren mit seinem Verhalten und nicht einfach alles durchgehen lassen. Die Befürchtung ist, daß ich mich unbeliebt mache, wenn ich jemanden mit seinem Verhalten konfrontiere. Ich riskiere die Beziehung, aber nur so gebe ich jemandem auch die Chance, sich zu verändern und weiterzukommen.

In unserer Lebensgemeinschaft habe ich immer wieder gestaunt: Mein Mann ist wesentlich bereiter zur Konfrontation als ich. Er kann jungen Menschen sehr deutlich „auf den Schlips treten". Wenn er das wieder einmal tat, dachte ich oft, jetzt „schießen sie ihn auf den Mond". Aber das Gegenteil geschah. Er wurde heiß und innig geliebt. Die jungen Menschen haben genau das bei ihm gespürt: sie sind ihm nicht egal, sie liegen ihm am Herzen. Sie haben gespürt, daß es ihm nicht darum ging, sie zu verurteilen, sondern darum, sie weiterzubringen.

Solche mütterlichen und väterlichen Züge können wir auch bei Paulus entdecken. Er schreibt an die Gemeinde in Thessaloniki (1. Thessalonicher 2,7–12): „... sondern wir sind unter euch mütterlich gewesen: Wie eine Mutter ihre Kinder pflegt, so hatten wir Herzenslust an euch ... Denn ihr wißt, daß wir, wie ein Vater seine Kinder, einen jeden von euch ermahnt und getröstet und beschworen haben, euer Leben würdig des Gottes zu führen, der euch berufen hat zu seinem Reich und zu seiner Herrlichkeit."

## Aufgaben von Vätern und Müttern im Glauben

Wenn wir weiter in der Bibel suchen, was dort von geistlichen Vätern und Müttern gesagt ist, so finden wir – neben der Fürsorge und dem Ermahnen – vor allem zwei Stichworte: Fragen und Lehren. Die Kinder sollen fragen und die Väter und Mütter sollen lehren.

In der jüdischen Tradition spielt es eine große Rolle, daß Väter ihren Kindern weitergeben, was sie von Gott wissen. Sie sollen erzählen, wie Gott sein Volk aus der Knechtschaft geführt hat, was er für ein großer Gott ist. Sie geben die Erfahrungen weiter, die sie mit diesem Gott gemacht haben.

Das Lehren bezieht sich aber nicht nur auf den Bereich des Glaubens. „Sie (die alten Frauen) sollen aber Gutes lehren und die jungen Frauen anhalten, daß sie ihre Männer lieben, ihre Kinder lieben ..." (Titus 2,3.4), schreibt Paulus an Titus. Das Lehren ist umfassend gemeint, der Glaube soll gelehrt werden, aber auch wie man diesen Glauben im alltäglichen Leben praktizieren kann.

Wenn wir beides verbinden, Glauben und Leben, so könnte man sagen, geistliche Väter und Mütter sollen den Söhnen und Töchtern dazu verhelfen, den Gott der Bibel kennenzulernen und von seiner Gnade zu leben. Sie sollen helfen, daß junge Menschen sich mit sich selbst aussöhnen, sich selbst akzeptieren, weil sie von

Gott akzeptiert sind, und so einen festen Stand für ihr Leben finden. Sie sollen jungen Menschen Ziele für ihr Leben aufzeigen, damit jeder Sohn und jede Tochter die Berufung für sein oder ihr Leben finden kann. Sie sollen zeigen, wie ein von der Liebe bestimmtes Leben aussieht und welche ethischen Maßstäbe sich daraus für das alltägliche Leben ergeben.

Eines soll ein geistlicher Vater allerdings nicht werden: Das „Über-Ich" für den Sohn. Der Sohn soll letztendlich nicht von dem bestimmt werden, was der geistliche Vater sagt, sondern der Vater soll helfen, daß der Sohn sich immer mehr vom Heiligen Geist selbst führen, bestimmen und leiten läßt. Im praktischen Vollzug könnte das so aussehen, daß am Anfang einer solchen „geistlichen Vater-Sohn-Beziehung" der Vater stärker führt und prägt, aber im Laufe der Beziehung darauf hinarbeitet, daß der Sohn immer selbständiger, mündiger und eigenverantwortlicher wird.

In der Beschreibung dieser Aufgabe, mitzuhelfen, daß andere ihren eigenen Weg gehen können, wird deutlich, daß geistliche Vater- oder Mutterschaft auch eine schmerzliche Seite einschließt: Man muß immer wieder loslassen. Ziel der Begleitung ist nicht eine Abhängigkeit, sondern letztendlich die Selbständigkeit. Eines Tages wird der Sohn sich vom Vater lösen und weiterziehen. Das ist gut so – doch es tut eben auch weh. Viel an Zeit, Kraft und Liebe wurde in einen jungen Menschen investiert, und dann verläßt er einen. Das läßt sich nicht so einfach wegstecken. Aber es wäre schlimm, würde man den Sohn nicht ziehen lassen.

Und noch etwas wird vom geistlichen Vater verlangt: eine gewisse Selbstlosigkeit. Im ganzen Kapitel war bisher viel davon die Rede, daß der Vater die Söhne und Töchter fördert, stärkt und ihnen hilft, ihr Leben zu meistern. Söhne und Töchter stehen als Kämpfer an vorderster Front, der geistliche Vater selbst bleibt jedoch im Hintergrund. Selbst zu kämpfen ist nicht mehr seine Aufgabe.

4. Mose 8,25–26 ist eine interessante Stelle. Dort ist die Rede von den Leviten, die im Tempel Dienst tun: „Das ist's, was für die Leviten gilt: Von fünfundzwanzig Jahren an und darüber sollen sie zum Dienst kommen und ihr Amt ausüben an der Stiftshütte,

aber von dem fünfzigsten Jahr an sollen sie frei sein vom Amt und sollen nicht mehr dienen, sondern nur ihren Brüdern helfen beim Dienst an der Stiftshütte." Sie sollen also nicht mehr selbst arbeiten, sondern den Jüngeren helfen, damit die ihre Arbeit tun können.

Dieses Zurücktreten verlangt eine gewisse Selbstlosigkeit, denn Beifall und Anerkennung bekommt meist nur der, der im Vordergrund arbeitet, aber nicht der, der im Hintergrund bleibt. Man kann hier eine Parallele entdecken zu dem, was im siebten Kapitel über die Lebensaufgabe des Alters gesagt wurde: Loslassen, anderen (Jüngeren) Aufgaben übertragen, Verantwortung abgeben ... Das fällt nicht immer leicht.

## Das Ziel des Glaubensweges

Ob man so das Ziel eines Glaubensweges beschreiben könnte: Nichts mehr für sich selbst wollen; sich führen lassen, wohin man nicht will; sich einsetzen für Gottes Reich ohne Rücksicht darauf, welchen Gewinn man selbst dabei hat; nicht mehr danach fragen, was die anderen denken; nicht mehr nach sich selbst fragen, sondern radikal die Berufung leben, in die Gott einen hineingestellt hat?

In ganzer Hingabe an Gott und die Menschen sein Leben führen – so könnte man dieses Ziel auch formulieren. Das ist ein hoher Anspruch und nur wenige werden so weit kommen. Diese Hingabe und diese Selbstlosigkeit hat in ganzer Konsequenz wohl nur Jesus selbst gelebt. Hinwachsen zu Jesus, ihm ähnlicher werden – damit sind wir wieder beim Anfang dieses Kapitels angelangt, wo dies als Ziel des Glaubensweges vom Neuen Testament her genannt wurde.

„Hinwachsen – ähnlicher werden", diese Formulierungen zeigen aber auch: Es geht nicht darum, daß wir perfekte Menschen werden, sondern daß wir uns in eine bestimmte Richtung auf den Weg machen. Um in die richtige Richtung zu gehen, brauchen wir eine Zielangabe. Was hier als „Ziel des Glaubensweges" beschrieben wurde, ist solch eine Zielangabe. Wir werden dieses Ziel wohl kaum vollkommen erreichen, aber wir können viele Schritte auf dieses Ziel hin tun.

So bleibt zum Schluß die Frage: Wo stehe ich selbst? Stehe ich noch am Anfang meines Glaubensweges – bin ich also „ein Kind im Glauben"? Oder bin ich ein „junger Mann" oder eine „junge Frau" im Glauben oder schon „Vater" oder „Mutter"? Wenn wir uns in christlichen Gemeinden umschauen, werden wir feststellen, daß das wirkliche Lebensalter nicht unbedingt etwas darüber aussagt, in welchem „Glaubensalter" ein Mensch steht. Möglicherweise bleiben manche ein Leben lang „Kinder im Glauben", sehr viele werden wir wohl bei den „jungen Männern und Frauen" finden, „Vater" oder „Mutter" im Glauben zu werden, erscheint manchen vielleicht schon zu abgehoben, zu unerreichbar.

Doch eines möchte ich hier noch einmal sehr deutlich betonen: Kinder in dem Sinn, daß wir Kinder Gottes sind, zur Familie Gottes gehören, sind wir alle, gleichgültig in welchem „Glaubensalter" der einzelne steht, wenn wir uns zu Gott, dem Vater Jesu Christi, bekennen. Bei der Beschäftigung mit dem Wachstum des Glaubens kann man auch schnell in ein falsches Fahrwasser geraten, nämlich in das Fahrwasser der Werkgerechtigkeit. Doch gerecht werden wir allein durch die Gnade Gottes und eben nicht durch irgendwelche „Glaubensleistungen". Erlösung ist und bleibt ein Geschenk und ist unabhängig davon, wie weit wir im Wachstum des Glaubens vorangeschritten sind. Das noch einmal ins Bewußtsein zu rufen, ist mir sehr wichtig.

Das Ziel dieses Buches wurde bereits am Anfang genannt: Ich möchte anregen, Schritte im Leben und im Glauben zu machen, um so den Reichtum und die Fülle des Lebens und Glaubens zu entdecken. Ich möchte anregen, die eigenen Lebens- und Glaubensmöglichkeiten zu erweitern und so zu einem erfüllten Leben zu kommen.

Wachstum geschieht grundsätzlich auf zweierlei Weise, das können wir besonders bei den Pflanzen beobachten. Damit aus einem Samen eine Pflanze wachsen kann, sind verschiedene Dinge notwendig: Ein guter Boden, Nahrung, Wasser, Sonnenschein und Pflege. Doch jeder, der einen Garten besitzt, hat bestimmt schon erlebt, daß trotz guter Pflege ein Same nicht aufgeht, daß da noch etwas zum Wachsen dazugehört, was in keines Menschen Macht liegt. Wachstum kann der Mensch letztlich nicht „machen". So ist das auch beim Wachstum im Glauben: Gott fordert mich auf, Schritte zu gehen, um im Glauben zu wachsen, auch Schritte, die mir vielleicht nicht leicht fallen und mich etwas kosten. Aber auf der anderen Seite ist es seine Gnade, daß Wachstum einfach geschieht, ohne daß wir recht wissen wie. Es ist Gnade, daß er uns in Lebensumstände hineinführt, wo wir wachsen *müssen*. Es ist Gottes Heiliger Geist, der in uns die Früchte des Glaubens wachsen läßt.

Diese Spannung, dieses „Sowohl-als-Auch" beschreibt Paulus sehr treffend im Philipperbrief (Philipper 2,12.13):

„ ... schaffet, daß ihr selig werdet, mit Furcht und Zittern. Denn Gott ist's, der in euch wirkt beides, das Wollen und das Vollbringen, nach seinem Wohlgefallen." Schaffet ... und doch wirkt Gott. Beides folgt direkt aufeinander. In dieser Spannung geschieht Wachstum.

Deswegen möchte ich an den Schluß dieses Buches ein Bild stellen, das wie eine Verheißung für solches Wachstum ist:

„... sondern hat Lust am Gesetz des Herrn und sinnt über seinem Gesetz Tag und Nacht! Der ist wie ein Baum, gepflanzt an den Wasserbächen, der seine Frucht bringt zu seiner Zeit, und seine Blätter verwelken nicht. Und was er macht, das gerät wohl." (Psalm 1,2.3)

– Fest verwurzelt sein – verwurzelt im „Ja" Gottes zu meinem Leben.

– Aufrecht stehen mit weit ausladenden Ästen – Zeichen von Lebenskraft, die aus der nie versiegenden Kraftquelle Gottes gespeist wird. In Verbindung mit dieser Kraftquelle leben.

– Frucht bringen im Leben – erfahren, daß es gut ist, daß ich da bin, daß mein Leben nicht nur für mich, sondern auch für andere wertvoll ist, daß ich etwas in dieser Welt bewegen kann.

Wer möchte nicht solch ein Baum werden? Er ist ein Bild für ein erfülltes Leben – aber auch ein Bild für Wachstum, wenn man bedenkt, daß jeder Baum am Anfang nur ein kleiner Same gewesen ist.

# Zum Weiterdenken

Wer an bestimmten Themen dieses Buches gern weiterarbeiten möchte, für den gibt es zu den Kapiteln 1 bis 7 einige Fragestellungen, die zum weiteren Nachdenken und Vertiefen anregen sollen.

Man könnte mit diesem Buch auch einige Offene Abende in einer Gemeinde gestalten, ähnlich wie ein Volkshochschulkurs – etwa unter dem Motto: Acht Abende zum Thema: Lebensphasen und Glaubensentwicklung. Damit könnten sicher auch kirchenferne Menschen angesprochen werden.

Ein Teil dieser Fragen kann aber auch in einer Gruppe erarbeitet werden. Die Thematik könnte dazu beitragen, daß die Gruppe neue Impulse bekommt und einzelne Mitglieder Anregungen zum persönlichen Weiterwachsen erhalten.

Zwei Dinge sind unerläßlich, um offen in einer Gruppe über diese Thematik zu sprechen: Vertrauen und Offenheit.

*Vertrauen*

Jemand wird sich in einer Gruppe nur öffnen, wenn er weiß, daß mit dem, was er von sich persönlich preisgibt, sorgfältig umgegangen wird. Von daher ist es gut, eine Regelung zu treffen, daß alles, was in der Gruppe an Persönlichem gesagt wird, nicht nach außen dringt. Denn wenn ein Teilnehmer merkt, daß das, was er in der Gruppe erzählt hat, im Bekanntenkreis einzelner Mitglieder weitergetragen wurde, wird er sich kaum ein zweites Mal öffnen.

Zum Vertrauen gehört auch, daß persönlich Erzähltes nicht gegen die Person verwendet wird. Alle negativ wertenden Urteile sind tabu, sie zerstören das Vertrauen. Es sollte ein Klima von gegenseitiger Akzeptanz und Annahme herrschen.

*Offenheit*

Es ist klar, daß man die Thematik dieses Buches nicht auf einer persönlichen Ebene besprechen kann, wenn niemand bereit ist, sich zu öffnen. Allerdings muß man wissen, daß man Offenheit nie von anderen fordern kann. Wer versucht, in einer Gruppe Offenheit herzustellen, wird schnell merken, daß sich die Teilnehmer um so mehr verschließen.

Offenheit geschieht dadurch, daß ich mich selbst öffne. Wenn ich von mir selbst erzähle, von meinen Schwierigkeiten oder auch von meinen positiven Erlebnissen, so werden sich auch die anderen Teilnehmer der Gruppe öffnen. Trotzdem gilt die Regel: Jeder darf sagen, was er möchte, aber jeder darf auch verschweigen, was er möchte. Jeder ist sein eigener „Chairman" (Vorsitzender), heißt eine Spielregel für Gespräche in Gruppen.

## 1. Kapitel:

*Welches Grundgefühl bestimmt Ihr Leben?*

„Ich liebe das Leben." – „Ich lebe gern auf dieser Welt." – „Ich vertraue darauf, daß ich in Gottes Hand bin, er hat versprochen, diese Welt nicht im Chaos enden zu lassen."

Wie geht es Ihnen mit diesen (oder ähnlichen) Sätzen? Können Sie ihnen zustimmen?

Oder bestimmen Sie Sätze wie: „Meint Gott es wirklich gut mit mir?" – „Ich fühle mich ausgeliefert." – „Ich weiß nicht, was das Leben mit mir machen wird."

– Wer lernen möchte, mehr Vertrauen in Gott und in das Leben zu entwickeln, dem seien einige Bibelstellen zur Meditation vorgeschlagen:

1.Mose 8,21.22; 1.Mose 28,16; Psalm 23; Jeremia 31,3 (4–14); Lukas 15,11–24; Johannes 3,16.

– In einer Gruppe könnte man eine oder mehrere der oben genannten Bibelstellen als Grundlage für ein Gespräch nehmen und fragen: Sehen Sie selbst Gott ebenso, wie er in diesen Texten beschrieben ist? Wo haben Sie Gott so erlebt oder nicht erlebt?

*Wie können Sie Ihr Lebensmuster entdecken?*

Fragestellungen, die Ihnen dabei helfen können:
– Wenn Sie an Ihre Kindheit denken: Welche Sätze, die oft genannt wurden, kommen Ihnen in den Sinn? Haben sie heute noch Bedeutung für Sie? Sind sie heute eher hilfreich oder eher hinderlich?
– Wenn Sie über die Eingangstür zu Ihrem Elternhaus ein Motto schreiben sollten, das für Ihre Familie wichtig war, welches wäre das? Hat dieses Motto heute noch Bedeutung für Sie?
– Durch welches Verhalten haben Sie als Kind Zustimmung bekommen? Welches Verhalten wurde in Ihrer Familie bei Ihnen oder bei Ihren Geschwistern abgelehnt?
– Wenn Sie Schwierigkeiten haben, Ihr Lebensmuster zu entdecken: Wer könnte Ihnen dabei helfen?
– Entdecken Sie Zusammenhänge zwischen Ihrem Lebensmuster und Ihrer Beziehung zu Gott?

## 2. Kapitel:

*Meine Beziehungen*

– In welcher Rolle haben Sie sich in der Schule unter den Klassenkameraden erlebt? Hatten Sie Freunde? Wie sah die Beziehung zu diesen Freunden aus?
– Wie sehen Ihre Beziehungen heute aus? Empfinden Sie sie als gut – als weniger gut? Gibt es Parallelen zu früher?
– Als Erwachsener haben Sie die Möglichkeit, Beziehungen aktiv und bewußt zu gestalten und alte Beziehungsmuster zu durchbrechen. Welche Schritte wären dazu nötig?

*Meine Gaben und Fähigkeiten*

– Wo liegen Ihre Gaben? Was tun Sie gern? Was macht Ihnen Freude? Was gelingt Ihnen? Was hätten Sie schon immer einmal gern getan, aber noch nie in Angriff genommen? Was hindert Sie dies zu tun?
– Wo liegen Ihre Grenzen? Können Sie diese akzeptieren?

– Ein Vorschlag für Hauskreise und Gruppen:
Einen Abend gestalten zum Thema: Welche Gaben gibt es in unserer Gruppe?

Jeder überlegt sich zuerst selbst, welche Gaben er zu haben meint (eventuell schon vorher zu Hause überlegen). Dann wird sich in der Gruppe über die Gaben der einzelnen ausgetauscht. Einer beginnt, von seinen Gaben zu erzählen, die anderen ergänzen, wo sie weitere Gaben bei ihm sehen. So geht es reihum.

Sie werden überrascht sein, was dabei herauskommt. Es wird bestimmt ein interessanter Abend werden, der unter Umständen längerfristige Auswirkungen haben wird, denn erkannte Gaben sollen ja auch eingesetzt werden.

*Mein Selbstwertgefühl*

– Worauf stützen Sie Ihr Selbstwertgefühl?

– Ein Vorschlag, um dies besser zu erkennen:

Angenommen Sie kommen in eine Gruppe, wo niemand Sie kennt. Damit die anderen etwas von Ihnen erfahren, sollen Sie zehn Aussagen über sich selbst machen, die alle beginnen mit: „Ich bin …“

Schreiben Sie diese 10 Aussagen möglichst spontan und ohne viel zu überlegen auf einen Zettel. Bewerten Sie die Aussagen anschließend nach ihrer Wichtigkeit von 1 bis 10, dann wissen Sie, worauf sich ihr Selbstwertgefühl am meisten stützt.

– Wie beurteilen Sie das Ergebnis für sich? Gut – weniger gut? Ich erinnere an die beiden Standbeine für den Selbstwert: „Ich bin etwas wert, einfach weil ich da bin" und „Ich bin etwas wert, weil ich etwas leiste". In welche Kategorie sind Ihre Aussagen über sich selbst einzuordnen? Wie ist die Gewichtung?

– Wenn das Standbein „Ich bin etwas wert, einfach weil ich da bin", zu schwach ausgeprägt ist (was bei den meisten Menschen der Fall ist), sei folgender Satz zur Meditation empfohlen: „Gott, wie gut, daß es mich gibt!"

Diesen Satz kann man sich an den Spiegel hängen, auf den Schreibtisch stellen oder an einen anderen Platz, wo man ihn immer wieder sieht. Man kann sich auch vornehmen, in seiner „Stillen Zeit" einmal vier Wochen lang nichts anderes zu bedenken als diesen Satz. Natürlich muß man diesem Satz zuerst einmal zustimmen, ehe man ihn meditieren kann. Wem dies schwer fällt, der könnte vielleicht einmal mit einem anderen Menschen darüber reden. Oft ist es eine Hilfe, wenn ein anderer Mensch einem zuspricht: „Wie gut, daß es Dich gibt! Danke, Gott, daß Du diesem Menschen das Leben geschenkt hast!"

## 3. Kapitel:

### *Wer bin ich?*

– Die Hauptfrage in der Zeit der Pubertät „Wer bin ich – wer möchte ich sein?" stellt sich in verschiedenen Lebenssituationen immer wieder. Deshalb auch hier der Vorschlag für eine Übung:

Nehmen Sie ein DIN A4-Blatt quer und machen Sie drei Spalten:

1. Spalte: Wer bin ich heute?

2. Spalte: Wer möchte ich eigentlich sein?

3. Spalte: Welche Schritte will ich tun, um dem, der ich sein möchte, näher zu kommen?

Um die Antworten zu erleichtern, ist es gut, sie in bestimmte Bereiche zu unterteilen:

Wer möchte ich sein oder was möchte ich erreichen in bezug

auf: meine Persönlichkeit, mein Verhalten, meine Beziehungen, meinen Beruf, meinen Glauben, meine Freizeitgestaltung usw.

Vielleicht ergeben sich im Nachdenken viele Schritte, die Sie tun möchten. Sie können aber immer nur einen Schritt nach dem anderen tun, nie fünf gleichzeitig. Deshalb ist es wichtig zu entscheiden: Mit welchem Schritt wollen Sie beginnen? Welche Schritte kommen erst später in Frage?

Für diese Übung braucht man etwas Zeit. Unter Umständen wäre es gut, sich immer wieder einmal diesen Fragen zu stellen.

In einer Gruppe könnte man Zweierschaften bilden, sich über diese Fragen austauschen und bei der Umsetzung gegenseitig unterstützen.

*Mein Gottesbild*

– Welche Vorstellung haben Sie von Gott? Haben Sie Gott verinnerlicht als den „liebenden Vater" – als den, über den bereits im Alten Testament gesagt ist: „Barmherzig und gnädig ist der Herr ..."?
– Oder sind Sie geprägt von der Vorstellung, daß Gott im Himmel sitzt, Sie beobachtet und ständig über Ihre guten und weniger guten Taten Buch führt, um Sie entsprechend zu belohnen oder zu bestrafen?

Um zu erkennen und zu verinnerlichen, wer Gott wirklich ist, seien wieder einige Bibelstellen zur Meditation empfohlen:

Psalm 103; Johannes 8,1-11; Lukas 5,31.32. Es gibt natürlich noch viele andere Stellen. Man kann auch einmal ausprobieren, jeden Bibeltext unter dem Aspekt zu lesen: Was wird hier darüber ausgesagt, wie Gott ist?

Es sei in diesem Zusammenhang auch noch einmal auf Lukas 15, die Geschichte vom verlorenen Sohn, verwiesen. Dazu gibt es ein sehr hilfreiches Buch von Henry Nouwen: Nimm sein Bild in dein Herz (Herder-Verlag, 1991).
– In einer Gruppe empfiehlt sich eine Gesprächsrunde zum Thema: Welche Vorstellung haben Sie von Gott? Welche Erfah-

rungen haben Sie mit ihm gemacht? Zunächst sollte man alle Vorstellungen anhören und stehenlassen (sonst verhindert man weitere Gesprächsbeiträge) und erst am Ende die Frage stellen: Stimmen diese Vorstellungen mit dem überein, wie die Bibel Gott beschreibt?

## 4. Kapitel:

Das Alter der jungen Erwachsenen ist geprägt von Entscheidungen, die getroffen werden müssen. Doch stehen das ganze Leben lang immer wieder Entscheidungen an.

– Wie gehen Sie mit Entscheidungssituationen um? Treffen Sie Ihre eigenen Entscheidungen oder lassen Sie lieber die anderen oder die Umstände entscheiden?

– Leben heißt entscheiden – entscheiden heißt leben (im Sinne von – sein Leben selbst in die Hand nehmen). Wenn Sie einmal einige wichtige Entscheidungen der letzten Zeit unter diesem Gesichtspunkt betrachten – haben Sie nach diesem Motto entschieden?

– Für welchen Lebensstil haben Sie sich entschieden? Was wollen Sie überhaupt mit Ihrem Leben? Wie soll Ihr Leben in den nächsten 5-10 Jahren aussehen?

Diese Fragestellung eignet sich auch für ein Gruppengespräch.

Viele Christen fragen in bestimmten Situationen ihres Lebens immer wieder nach dem Willen Gottes. Hier noch einmal kurz zusammengefaßt, was Leitlinien dafür sein könnten:

– Das Für und Wider abwägen (den Verstand gebrauchen).

– Umstände beachten – wo sind Türen offen, wo sind Türen verschlossen?

– Über eine Sache beten, sie Gott vorlegen.

– Was sagt die Bibel zu meiner Fragestellung? Dazu würde auch gehören: Von welchen Werten lassen Sie sich in Ihrer Entscheidung leiten?

– Mit anderen reden, aber letztlich selbst entscheiden.

– Auf die „innere Stimme“ hören. Damit meine ich: Gott wohnt durch seinen Heiligen Geist in uns. Gott ist lebendig, ein Gott, der redet. Welche Gedanken schenkt Ihnen Gott? Es ist gut, diese Gedanken im Gespräch mit anderen zu überprüfen.

Noch einmal: Dies sind alles keine Patentrezepte, sondern Leitlinien, die helfen können, den Willen Gottes zu erfahren.

*Auch im Leben eines Christen gibt es kritische Fragen an Gott*

– Erlauben Sie sich diese Fragen? Lassen Sie sie zu? Haben Sie Menschen, mit denen Sie über solche Fragen reden können?
– Was machen Sie mit Ihren Zweifeln? Stellen Sie sich ihnen?
– Können Sie in Fragen des Glaubens einen eigenen Standpunkt vertreten, auch wenn unter Umständen andere eine andere Meinung haben?

*Die Wegbegleitung*

– Es ist gut, einen Wegbegleiter für die Fragen des Glaubens und des Lebens zu haben. Gibt es solch einen Wegbegleiter, einen Mentor, in Ihrem Leben? Was hindert Sie, sich nach solch einem Menschen umzuschauen? Wer könnte Ihnen bei der Suche nach einem Mentor helfen?

## 5. Kapitel:

*Ich werde gebraucht in dieser Welt*

– Für welche Ziele möchten Sie sich in Ihrem Leben einsetzen? Beruflich, in der Familie, in Ihrem ehrenamtlichen Engagement? Wo können Sie etwas Sinnvolles für diese Welt, für die Menschen dieser Welt tun?

Anregungen, wie Sie die Berufung für Ihr Leben entdecken können:

– Welche Gaben haben Sie? Welche Möglichkeiten von Ihren Lebensumständen her? Welche Grenzen sind Ihnen gesetzt?

– Welche Not dieser Welt, welche Menschen liegen Ihnen besonders am Herzen?

– Haben Sie die Grundfrage schon beantwortet, ob Sie Ihr Leben nur für sich leben wollen oder für den, der Sie gesandt hat? Das bedeutet letztlich, etwas für andere Menschen zu tun.

– Für eine Gruppe ist die Frage nach den Zielen genauso wichtig wie für einen einzelnen Menschen. Wenn sich eine Gruppe diese Frage nicht stellt, kann es sein, daß sie sich eines Tages nur noch um sich selbst dreht. Generativität ist also auch ein Thema für Gruppen. Deswegen wäre es gut, in einer Gruppe hin und wieder zu bedenken:

– Für welches Ziel oder welche Ziele, die außerhalb unserer Gruppe liegen, wollen wir uns gemeinsam einsetzen?

*Umgang mit Konflikten*

– Überall auf der Welt, wo Menschen zusammen sind, entstehen Konflikte, im Berufsleben, in der Familie, in der Gemeinde usw. Sie entstehen unter anderem durch Rivalität oder auch durch Überforderung, wie in Kapitel 5 beschrieben wurde. Wie gehen Sie mit diesen Konflikten um? Haben Sie den Mut und die Bereitschaft, sie zur Sprache zu bringen? – Nur so können auch Lösungen gefunden werden.

– Sind Sie bereit, Neues zu denken? Sind sie offen für neue, kreative Lösungen eines Problems? Oder sind Sie auf Ihre alten Denkmuster festgelegt?

– Sind Sie bereit, eigene Erwartungen und Wünsche (auch gute) zurückzunehmen oder zurückzustellen? Sind Sie bereit zu Kompromissen?

Dazu ein weiterer Vorschlag für einen Gruppenabend: „Umgang mit Konflikten". Die Fragestellung könnte lauten: „Wie gehen Sie mit Konflikten um? Finden Sie diese Art hilfreich oder weniger hilfreich? Welche Konfliktlösungsmöglichkeiten kennen Sie?"

### *„Inseln" im Alltagsleben*

– Gibt es in Ihrem geschäftigen Alltagsleben „Inseln" zum Innehalten, damit Ihr Leben nicht aus dem Gleichgewicht kommt?
– Nehmen Sie sich Zeit für die Stille vor Gott? Wo könnten Sie sich diese Zeit einplanen? Welche Zeiten und wieviel Zeit würde Ihnen entsprechen?
– Nehmen Sie sich Zeit für die schönen Dinge des Lebens, fürs Nichtstun, dafür, „die Seele baumeln zu lassen"? Wollen Sie das überhaupt? Wenn ja, wo könnten Sie sich Freiraum dafür schaffen? Was müßten Sie an Aktivitäten dafür streichen?
– Für Verheiratete: Wo könnten wir uns gegenseitig solche Freiräume schaffen?

## 6. Kapitel:

### *Sein Leben überdenken*

– Für über Dreißigjährige sei hier nochmals der Vorschlag gemacht, der in Kapitel 6 bereits erwähnt wurde:

Sein Leben einteilen in Phasen von je sieben Jahren (wo es absolut nicht paßt, kann man die Phasen auch verlängern oder verkürzen). Jede Phase beschreibt man auf maximal zwei DIN A 4-Seiten. Dann gibt man jeder Phase eine Überschrift, die etwas aussagt darüber, welches Thema diesen Lebensabschnitt bestimmt hat. Man darf dann gespannt sein, welche Einsichten über das eigene Leben daraus erwachsen.

Im Text zu Kapitel 6 sind eine ganze Menge weiterer Fragen formuliert, die sich in der Lebensmitte stellen. Wer die Lebensmitte schon erreicht hat, für den könnte es eine Hilfe sein, diese Fragen für sich selbst (am besten schriftlich) zu beantworten.

In Kapitel 6 ging es unter anderem auch darum, die Frage „Wer bin ich?" möglichst ehrlich zu beantworten. Es wurde auch gesagt, daß dazu die Hilfe anderer notwendig ist, weil ich meinen „blinden Fleck" selbst nicht erkennen kann. Herrscht in einer Gruppe ein gutes Vertrauensverhältnis, so könnte man folgende Übung machen (im Grunde eine Erweiterung der Übung aus Kapitel 2):

Jeder legt für sich selbst ein DIN A4-Blatt an und schreibt oben seinen Namen darauf. Dann wird das Blatt in zwei gleichgroße senkrechte Spalten eingeteilt.

Die linke Spalte wird überschrieben: Meine Gaben, Fähigkeiten, Stärken.

Die rechte Spalte wird überschrieben: Wo Veränderung gut wäre.

Jeder trägt für sich selbst ein bis zwei Dinge auf der linken *und* auf der rechten Seite ein. Und nun sollen die anderen aus der Gruppe Ihr Blatt ergänzen. Spielregel ist: Man darf immer nur in *beiden* Spalten etwas schreiben. Wer links etwas schreibt, muß es auch rechts tun und umgekehrt. Methodisch empfiehlt es sich, daß jeder sein Blatt am eigenen Platz liegen läßt und dann herumgeht und den anderen etwas auf ihre Blätter schreibt. So wird keiner gezwungen, auf jedes Blatt etwas zu schreiben.

Wenn die Übung beendet ist, sollte jeder unter sein Blatt schreiben: „Danke, daß Ihr es mir gesagt habt. Ich will es auch bedenken. Doch bin ich nicht dazu auf der Welt, um so zu sein, wie Ihr mich haben wollt."

Dieser Satz deutet darauf hin, wie mit diesem Blatt umzugehen ist: Manche Seiten an mir selbst kann ich nicht sehen und brauche dafür die Hilfe anderer. Deswegen das „Danke". Doch was ich mit dem mache, was auf diesem Blatt steht, ist meine Sache. Ich will es ernst nehmen, doch was ich dann wirklich ändern will, ist meine eigene Entscheidung.

Wenn alle ihr Blatt gelesen haben, ist es sinnvoll, Zeit zu lassen für Rückfragen und Erklärungen – entweder in der Gruppe oder im Zweiergespräch.

Die Übung muß am Anfang gut erläutert und der Sinn deutlich gemacht werden, daß es nämlich darum geht, sich selbst besser kennenzulernen und sich gegenseitig zu helfen, persönlich weiterzukommen. Aber wie gesagt: Empfehlenswert ist sie nur, wenn in der Gruppe ein gutes Vertrauensverhältnis und ein gegenseitiges Wohlwollen da ist. Außerdem sollten alle damit einverstanden sein.

*Formen geistlichen Lebens*

– Wer mit Gott schon längere Zeit unterwegs ist, sollte sich hin und wieder fragen: Sind die Formen meines geistlichen Lebens, die Art, wie ich meine „Stille Zeit" gestalte, wie ich meine persönliche Beziehung zu Gott gestalte, noch hilfreich? Formen sind kein Selbstzweck, sondern dazu da, die Beziehung zu Gott lebendig zu gestalten. Deswegen müssen Formen – der Lebenssituation entsprechend – immer einmal wieder verändert werden.

Wenn jemand empfindet, daß eine Neubelebung seines Glaubenslebens gut wäre, könnte er sich folgende Fragen stellen:
– Wo kann ich neue Impulse für mein Glaubensleben bekommen? Durch welche Menschen, welche Bücher, welche Seminare, unter Umständen auch durch welche geistlichen Zentren, Kommunitäten?

## 7. Kapitel:

– Welche älteren Menschen kennen Sie, die für Sie attraktiv sind? Was macht ihre Attraktivität aus? Was könnten Sie von ihnen lernen?

Von Kyrilla Spiecker stammt der Satz:

Greifen und Festhalten kann ich seit der Geburt. Teilen und Schenken mußte ich lernen. Jetzt übe ich das Loslassen.

– Im Alter *muß* man loslassen. Wo könnten Sie heute schon das Loslassen lernen? Welche Dinge sind wie „Ballast“ in Ihrem Leben, den Sie mitschleppen und der Ihnen unnötig Kräfte raubt? Wie könnte mehr Leichtigkeit in Ihr Leben kommen?
– Welchen Stellenwert haben Erfolg, Wichtig-Sein, etwas Gelten in Ihrem Leben? Können Sie Dinge abgeben? Können Sie andere zum Zug kommen lassen? Ein guter Ratschlag steht in 2. Mose 18,13-27 – die Kunst des Delegierens, was aber immer auch heißt: Macht und Einfluß abgeben.

*Der Sinn des Lebens*

– Wenn Sie jemand danach fragen würde, was für Sie der Sinn Ihres Lebens ist, was würden Sie antworten?

In einer Gruppe könnte man eine Situation durchspielen:
– Man stelle sich vor, in die eigene Gruppe kommt jemand, der der Kirche ganz fern steht. Er sagt: „Ich bin auf der Suche nach dem Sinn des Lebens. Habt Ihr eine Antwort auf diese Frage?“ Einer aus der Gruppe soll diesen Fernstehenden spielen und die anderen sollen auf seine Fragen antworten. Der „Fernstehende“ sollte sich nicht gleich mit glatten „frommen“ Antworten zufrieden geben, er sollte hinterfragen, wie die Antworten im Leben des Einzelnen konkret aussehen, welche Auswirkungen sie auf sein Leben haben. Vielleicht trifft man ja wirklich einmal auf einen solchen Menschen. Dann ist das eine gute „Vorübung“.

## Fragen zu den Kapiteln 8 bis 10:

– Wo stehen Sie?
– Wenn Sie die genannten Punkte, die zu „Ihrem Glaubensalter" gehören, überdenken: Was trifft auf Sie zu? Wo sehen Sie Defizite bei sich? Wo möchten Sie „nachreifen"? Welcher Schritt ist dazu nötig?
– Welchen nächsten Schritt zum Weiterwachsen möchten Sie tun?

# Literaturverzeichnis

Andriessen, Hermann, Der Sehnsucht in mir einen Namen geben. Matthias Grünewald Verlag, Mainz 1993.

Brocher, Tobias, Stufen des Lebens. Kreuz Verlag, Stuttgart 1977.

Erikson, Erik H., Identität und Lebenszyklus. Suhrkamp Verlag, Frankfurt/M. 1966.

Fowler, James W., Stufen des Glaubens. Gütersloher Verlagshaus Gerd Mohn, Gütersloh 1991.

Nipkow, Karl Ernst, Erwachsenwerden ohne Gott? Chr. Kaiser Verlag, München 1987.

Schellenberger, Bernardin, Aufstieg in die Weite. Herder Verlag, Freiburg i.Br. 1992.

Tournier, Paul, Die Jahreszeiten unseres Lebens, Gütersloher Verlagshaus Gerd Mohn, Gütersloh 1983.

## Brunnen-Lebenshilfehefte

Ulla Schaible
**Entscheidungen treffen – aber wie?**
32 Seiten. Geheftet. Bestell-Nr. 3-7655-5169-4

„Leben heißt entscheiden" – wir kommen nicht darum herum. Wer sich um Entscheidungen herumdrückt, wird gelebt – von anderen, von den Umständen. Er verzichtet auf die Chance, selbst zu bestimmen, wie das eigene Leben aussehen soll. Trotzdem sind Entscheidungssituationen für die wenigsten Menschen Anlaß zum Jubel. Denn jede Entscheidung ist ein Risiko.
Ulla Schaible gibt praktische Hilfen zur Entscheidungsfindung und macht Mut, Entscheidungen als Chance zu verstehen. Denn es gilt nicht nur: „Leben heißt entscheiden", sondern auch umgekehrt: „Entscheiden heißt leben!"

Günther Schaible
**Plus/Minus vierzig**
Neuorientierung in der Lebensmitte
32 Seiten. Geheftet. Bestell-Nr. 3-7655-5171-6

Rund um den vierzigsten Geburtstag herum gerät das Leben für viele Menschen noch einmal richtig in Bewegung – die vielzitierte Midlife-Krise macht sich bemerkbar, und selten sind die Begleiterscheinungen angenehm.
Was hat es mit dieser Krise auf sich? Welche Aufgaben gilt es in dieser Lebensphase zu meistern?
Günther Schaible legt dar, welchen Sinn die unruhigen Jahre in der Lebensmitte haben. Er zeigt einen Weg, wie die bewältigte Krise zu einem Gewinn an Lebensqualität führen kann.